Hans Stolp

Die ersten drei Tage im Jenseits

Hans Stolp

Die ersten drei Tage im Jenseits

Was die Seele unmittelbar
nach dem Ablegen
des Körpers durchlebt

Aquamarin Verlag

7. Auflage

Voglherd 1 • 85567 Grafing
www.aquamarin-verlag.de
Kontakt: kontakt@aquamarin-verlag.de

Holländische Originalausgabe

Originaltitel: *Wat gebeurt er als je dood gaat*

Übersetzung: Andrea Fiischer

Umschlaggestaltung: Annette Wagner

Druck: Generál Nyomda, Ungarn

ISBN 978-3-89427-657-7

Fürchte dich nicht vor der Reise, die mit dem Tod beginnt.
Die Liebe der Engel wird dich tragen.
Deine Lieben, die bereits verstorben
und dir vorausgegangen sind,
stehen bereit, um dich zu begleiten
und dir eine Stütze zu sein.

Fürchte dich nicht vor der Reise, die mit dem Tod beginnt.
Du wirst von einer großen, wärmenden Liebe
umhüllt werden,
so dass du das Gefühl bekommst:
„Endlich bin ich zu Hause."
Diese Liebe wird dich vom ersten Moment an umhüllen,
so dass deine Füße den Weg wie von selbst finden werden.

Fürchte dich nicht vor der Reise, die mit dem Tod beginnt.
Alles, was du im Leben an Einsichten, Weisheiten und Erkenntnissen erworben hast,
wird hundertfach gesegnet werden
und dich reich und glücklich machen.

Fürchte dich nicht, sondern freue dich auf die Liebe,
die dich wie die Sonne wärmen, wie eine Mutter trösten
und wie ein Vater beschützen wird.
Fürchte dich nicht, sondern freue dich auf die Liebe.

In Dankbarkeit für unsere tiefe Verbundenheit
widme ich dieses Buch

Ton Westenbroek

INHALT

EINFÜHRUNG

„Im Urchristentum wusste man noch …"

Im Christentum der ersten Jahrhunderte – meist als „Urchristentum" bezeichnet – hatte man noch einen klaren Einblick in den Weg, den ein Verstorbener nach seinem Tod nimmt. So wusste man in jener Zeit noch von der besonderen Begegnung, die man im Leben nach dem Tod mit jenem kosmischen Lichtwesen hat, das im Christentum „Christus" genannt wird. Man wusste auch noch, dass der Verstorbene Einblick in den Sinn seines soeben vollendeten Erdenlebens erhält. Man erzählte von der Begegnung mit Engeln und mit lieben verstorbenen Mitmenschen. Man wusste noch von der tiefen Freude, die der Verstorbene empfindet, wenn er begreift, dass der Geist über die Materie siegt. Man wusste auch noch, durch welche geistigen Welten der Verstorbene auf seiner Heimreise wandert. Man kannte die Astralwelten und die verschiedenen Lichtwelten noch.

Man wusste noch so vieles von dem, was später vergessen wurde …

Das Urchristentum ist das Christentum der ersten drei Jahrhunderte nach Beginn der neuen Zeitrechnung – also das Christentum der ersten dreihundert Jahre nach dem Leben, dem Leiden, dem Tod und der Auferstehung Jesu

Christi. Es war eine bunte Schar von Menschen, die in jener Zeit dem Christentum beitraten. Unter ihnen befanden sich Essener und andere Eingeweihte, die allein dank ihrer Bildung und Schulung in den geheimen Mysterienschulen ohnehin schon viel von den Geheimnissen der geistigen Welt und dem Leben nach dem Tod wussten. Doch indem sie sich geistig mit Jesus Christus verbanden, waren sie imstande, diese Geheimnisse im Lichte dessen, was er vollbracht hatte, zu betrachten. Folglich wussten sie auch, wie sehr das Leben nach dem Tod durch die Ankunft des Kosmischen Christus auf Erden und dessen Inkarnation im Menschen Jesus von Nazareth verändert worden war."[1] Sie teilten ihre Erkenntnisse freudig mit anderen. Insbesondere dann, als viele von ihnen Führungspositionen in christlichen Gemeinden erhielten, wurden diese Erkenntnisse ein selbstverständlicher Bestandteil des Urchristentums.

In jener Zeit war alles, was in diesem Buch beschrieben wird, vielen noch bekannt – und zwar in einer Form, die zum damaligen Menschen passte, folglich mehr in einer bildhaften als in einer logischen Ausdrucksform.

Der Weg der Kirche oder der Weg nach innen

In jenen ersten Jahrhunderten wuchs allmählich der Gegensatz zwischen zwei Gruppen von Christen:

* Einerseits gab es die Christen, die am Aufbau einer Institution arbeiteten – der Kirche. Ihr Ziel war es, eine klare Lehre zu formulieren und die Gläubigen in gut or-

ganisierten Gemeinden oder Kirchen zu versammeln. Es wurden die kirchlichen Ämter – wie Papst, Bischof und Priester eingerichtet. Ämter, die ausschließlich Männern vorbehalten waren. Kraft ihres Amtes, das ihnen angeblich diese Autorität verlieh, gaben sie den Gläubigen Anweisungen, und diese mussten ihnen gehorchen.

* Andererseits gab es die eher spirituellen Christen, die den Schwerpunkt auf die persönliche Autorität des Einzelnen und ihr eigenes inneres Wissen legten und daher keinerlei Interesse am Aufbau einer Institution hatten. Auch eine Kirchenlehre war für sie nicht wichtig: Es ging ihnen um die Entwicklung des Verantwortungsbewusstseins und die Begleitung der Menschen auf ihrem Einweihungsweg bzw. ihrem Weg des geistigen Wachstums. Daher nahm bei ihnen nicht die Institution Kirche die zentrale Rolle ein, sondern die geistige Entwicklung des Menschen. Bei diesen Christen waren Mann und Frau gleichwertig. Folglich konnten auch Frauen bei den Zusammenkünften rituelle Handlungen verrichten – wie das Verteilen von Brot und Wein. Man könnte sie als „spirituelle Christen" ihrer Zeit bezeichnen. Die Essener und andere Eingeweihte und Jünger von Jesus Christus waren mit ihrer praktisch gelebten Religion diesen Christen ein Vorbild.

Die Anerkennung der Kirche und die Vernichtung des esoterischen Christentums

Es war Kaiser Konstantin der Große, der im Jahr 313 das Christentum anerkannte. Noch im gleichen Jahrhundert, nämlich im Jahr 393, rief Kaiser Theodosius das Christentum zur Staatsreligion aus. In kurzer Zeit hatte das Christentum damit eine Verwandlung von einer verfolgten, verbotenen und unterdrückten Religion in eine Staatsreligion mit allen Vorrechten und Privilegien, die dazu gehörten, erfahren. Doch das Christentum, das anerkannt wurde, war das der Institution Kirche – und nicht das der spirituellen Christen. Die Institution Kirche passte auf ideale Weise in die Strategie des Kaisers, denn damit hatte er die Herrschaft über das große Römische Reich inne. Christen hingegen, welchen gelehrt wurde, sich auf ihr eigenes Wesen auszurichten und sich zu selbstständigen Bürgern zu entwickeln, die ihren eigenen Weg suchten, stellten eher eine Gefahr für die Autorität des Kaisers als eine Unterstützung für ihn dar.

Sehr schnell erlangten die Bischöfe, die in der Kirche das Sagen hatten, die Macht über die Politik. Sie setzten diese künftig systematisch ein, um das spirituelle Christentum zu verfolgen und den Alleinvertretungsanspruch des kirchlichen Christentums für sich zu reklamieren. So konnte es geschehen, dass viele Erkenntnisse, die beim spirituellen Christentum ganz selbstverständlich waren, verboten wurden. Es wurden auch zahlreiche Schriften, in welchen dieses Wissen niedergeschrieben war, verboten und vernichtet.[2]

Damit ging zugleich auch das weitergehende Wissen über das Leben nach dem Tod verloren. Nur ganz im Geheimen wurden Erkenntnisse überliefert.

Infolge dieser Entwicklung wurde das spirituelle Christentum zu einem esoterischen – verborgenen und geheimgehaltenen – Christentum, während das offizielle Christentum der Institution Kirche das exoterische – oder öffentlich anerkannte – Christentum wurde.

Von Rudolf Steiner wieder ans Licht gebracht

Jahrhundertelang wurden die Erkenntnisse des esoterischen Christentums vollkommen im Geheimen weitergegeben. Nur wenige Male wurden sie infolge eines mysteriösen geistigen Impulses offenkundig. Dies war beispielsweise bei den Manichäern, den Katharern, den Albigensern, den Rosenkreuzern und anderen Bewegungen der Fall, die von der Kirche zu Ketzern erklärt wurden. Jedes Mal wurden solche Strömungen von der Kirche heftig bekämpft, mit Gewalt unterdrückt und deren Anhänger ausgerottet. Für mich ist und bleibt es schockierend, dass im 13. Jahrhundert eine Million Katharer durch die Inquisition von der Kirche zum Tode verurteilt wurden – gevierteilt, verbrannt, aufgehängt oder von Felsen hinabgestoßen.

In den letzten hundert Jahren ist das esoterische Christentum wieder in den Blickpunkt der Öffentlichkeit getreten, und zwar dank des Werkes von Rudolf Steiner. Das Beeindruckende daran ist, dass er die ursprünglichen Geheimnisse auf neue Weise ans Licht gebracht hat – nämlich im logischen Zusammenhang und für den Menschen von heute verständlich. Doch auch heute noch, wie damals schon, ist der Widerstand aus den christlichen Kreisen groß. Diesmal hingegen ist es offensichtlich, dass es nicht mehr möglich ist, das esoterische Christentum in die Verborgenheit zurückzudrängen – es nimmt vielmehr deutlich erkennbar eine immer stärkere Rolle im geistigen Leben unserer heutigen Zeit ein.

Auf der Suche nach neuen Erkenntnissen

Immer mehr Menschen befinden sich heute auf der Suche nach neuen Antworten auf die großen Fragen des Lebens. Das bedeutet auch, dass sie sich auf die Suche nach neuen, überzeugenden Antworten auf die Frage machen, was denn nun eigentlich nach dem Tod geschieht. Die Antworten, die von Seiten der Kirche inzwischen schon seit vielen Jahrhunderten gegeben werden, in welchen von einem Himmel, einer Hölle und einem Fegefeuer die Rede ist, überzeugen die modernen Menschen von heute nicht mehr. Zugleich beginnen immer mehr Menschen in ihrem Inneren zu spüren, dass auch die moderne Antwort, dass nämlich mit dem Tod alles endet, nicht stimmt.

Daher machen sie sich auf die Suche nach einem Wissen, das sie verstehen können und das sie in ihrem Herzen anspricht. Immer öfter zeigt es sich, dass das Wissen des esoterischen Christentums die Antworten beinhaltet, die sie schon so lange suchen.

Aus diesem Grunde möchte ich in diesem Buch die Einsichten des esoterischen Christentums auf die Frage: „Was passiert denn nun eigentlich nach dem Tod?“ darlegen. Ich möchte sowohl diejenigen, die einen geliebten Menschen verloren haben, als auch diejenigen, die sich bewusst auf das neue Leben vorbereiten möchten, das uns nach dem Tod erwartet, ermutigen, trösten und ihnen neue Erkenntnisse vermitteln.

Dabei wünsche ich meinen Leserinnen und Lesern, dass die Lektüre dieses Buches ihnen helfen möge, sich ihrer persönlichen Antwort auf die Frage bewusst zu werden, was denn nun eigentlich genau geschieht, wenn ein Mensch stirbt. Allein mit dieser Formulierung mache ich hoffentlich schon deutlich, dass es mir nicht darum geht, jeder möge die Antworten, die ich in diesem Buch anbiete, einfach übernehmen. Ich kann nur hoffen, dass diese Erkenntnisse so anregend und inspirierend auf die Leser wirken, dass sie sich dadurch ganz natürlich ihrer persönlichen Antworten bewusst werden.

Nur noch Liebe, nichts als Liebe

Die Welt, in die wir nach dem Tod eintreten, ist eine ganz andere Welt als die, die wir hier auf Erden kennen. Die Reise, die nach dem Tod beginnt, ist daher auch eine Reise, auf welcher wir uns einer Transformation, einer Verwandlung, unterziehen und von einem irdischen Menschen in ein geistiges Wesen umgewandelt werden. Ab und zu wird es Ihnen wahrscheinlich schon einmal unvertraut vorkommen, wenn Sie dem Verstorbenen auf seinem Weg auf Schritt und Tritt folgen – im Vergleich zu diesem irdischen Leben ist die geistige Welt doch so groß und so andersartig. Fürchten Sie sich jedoch nicht vor diesem so anderen Leben, denn die geistige Welt ist eine Welt aus reiner Liebe – wahrhaftiger, vollkommener Liebe. Daher überkommt nahezu jeden Menschen, wenn er stirbt, das Gefühl: „Endlich bin ich zu Hause."

Anmerkung:
In den meisten Fällen ist an den Stellen, an welchen das Wort „er" steht, auch „sie" gemeint, und dort, wo „sein" steht, meist auch „ihr". Ich vermeide Wiederholungen von der Art wie „er bzw. sie", „sein oder ihr" usw. nur aus dem Grund, weil dies beim Lesen so störend ist.

Wenn ich in diesem Buch über die Planeten schreibe, meine ich die geistige Dimension der Planeten, die über Raum und Zeit hinausgeht.

Wer eine weiterführende Antwort auf die Frage wünscht, woher ich mein Wissen eigentlich habe, den verweise ich gern auf mein Buch mit dem Titel: „Woher weißt du das denn?"

1.

NIEMAND STIRBT ALLEIN

Mit dem geistigen Auge Engel und verstorbene liebe Mitmenschen wahrnehmen

Wenn jemand stirbt, geht er niemals allein durch das Tor des Todes. Angenommen, jemand stirbt infolge einer schweren Krankheit, dann stehen seine irdischen Lieben natürlich in diesem Augenblick an seinem Bett. Doch nicht nur sie umgeben ihn, auch Engel stehen um das Bett des Sterbenden herum. Neben den Engeln kommen zudem noch bereits früher verstorbene liebe Mitmenschen, um dem Sterbenden zu helfen.

Beim Sterben – wenn diejenigen, die zurückbleiben, Abschied nehmen und ihren geliebten Freund loslassen müssen – helfen die Engel und seine bereits verstorbenen Freunde und Verwandte dem Sterbenden, durch das Tor des Todes zu schreiten. Sie sind es auch, die ihn bei seinen ersten Schritten in dieser ganz anderen, geistigen Welt begleiten werden.

Jeder Sterbende, der in seinem Erdenleben Liebe gesucht und verschenkt hat – und wenn diese auch noch so schwach ausgeprägt gewesen sein mag – wird die Engel und die verstorbenen Seelenverwandten, die kommen, um ihn abzuholen, in hellsichtiger Weise wahrnehmen und ihren Trost und ihre Ermunterung ganz konkret erfahren dürfen. Der Sterbende kann sie dank der Liebeskraft, die in ihm lebt, erschauen. Es ist nämlich die Kraft der Liebe, die dem Sterbenden den geistigen Blick verleiht, mit dem er das sehen kann, was vor seinen physischen Augen verborgen bleibt. In der traditionellen Lehre des esoterischen Christentums werden diese „geistigen Augen“ meist als „geistiges Sinnesorgan“ bezeichnet. [3]

Hat sich der Sterbende in seinem Erdenleben überhaupt nicht um die Liebe bemüht, sondern sich nur um sich selbst gekümmert, so bleiben seine geistigen Augen verschlossen, und er wird nicht imstande sein zu sehen, wer kommt, um ihm zu helfen. [4] Ebensowenig wie er die Engel sehen kann, wird er auch fähig sein, seine verstorbenen Freunde wahrzunehmen, die kommen, um ihm beizustehen und ihm zu helfen. Auch diese wird er nur dann sehen können, wenn er sich in wahrer Liebe mit ihnen verbunden fühlt.

Plötzlicher Tod

Dies gilt übrigens nicht nur für jemanden, der nach langer Krankheit stirbt, sondern auch für jemanden, der plötzlich, vollkommen unerwartet, seinen Körper verlässt. Die Engel und die bereits Verstorbenen wissen ja, wann jemand sterben wird. [5] Daher bringt die Liebe sie zum richtigen Zeitpunkt an den richtigen Ort: Zu ihrem sterbenden Freund. Sobald der (plötzliche) Sterbeprozess einsetzt und der geistige Körper sich vom physischen Körper zu lösen beginnt, sieht der

Sterbende die Engel und seine lieben Verstorbenen um sich herum stehen.

Daran sehen wir, wie wichtig, ja wie entscheidend die Liebe ist. Haben wir auf Erden die Liebe gelebt, und wenn es vielleicht auch nur eine sehr schwache Form von Liebe war, nach dem Prinzip von „Versuch und Irrtum", dann werden wir, von der Wärme der Engel und unserer schon verstorbenen Freunde umhüllt, durch das Tor des Todes getragen werden. Waren wir jedoch nur selbstverliebt und haben so gelebt, dass vor allem unsere egozentrischen Wünsche und Bedürfnisse erfüllt wurden, dann werden wir das Gefühl haben, allein durch das Tor des Todes zu schreiten, weil wir nicht fähig sind zu sehen, wer kommt, um uns zu helfen. Dann hat die Liebe uns kein geistiges Sinnesorgan schenken können. Und das ist tragisch.

Ein strahlendes Lichtwesen

Unter den Engeln, die kommen, um zu helfen, befindet sich ein besonderes Lichtwesen, das die gesamte Aufmerksamkeit des Sterbenden auf sich zieht – und zwar deshalb, weil es mehr als alle anderen so unvorstellbar viel Kraft und Liebe ausstrahlt. Es ist eine große, strahlende Gestalt, die den Sterbenden in ihren Lichtkreis aufnimmt und mit ihrer Liebeskraft wärmt. Der Gang in den Tod war vielleicht aufgrund des bevorstehenden Abschiedes schwer und kummervoll. Für viele Sterbende war dieser Weg darüber hinaus auch noch von Angst und Schmerz begleitet. Doch nun, da diese strahlende Gestalt erscheint und den Sterbenden spüren lässt: „Dies ist die Begegnung, nach der ich mich unbewusst immer gesehnt habe" – verschwinden alle diese düsteren Gefühle, um einer tiefen Freude Platz zu machen.

Immer wieder berichten Menschen, die ein Nahtod-Erlebnis hatten, über die Begegnung mit dieser Lichtgestalt. Es ist ein Wesen, so sagen sie, das vollkommene Liebe ausstrahlt, reine Liebe ist das. Manche bezeichnen sie als einen Engel. Andere sprechen von einem Lichtwesen. Es gibt auch Menschen, die sie „Jesus", „Jesus Christus" oder „Christus" nennen. Unter ihnen sind auch Menschen, die keine Christen sind, sondern Hindus oder Moslems. Sie wissen in ihrem Inneren, so berichten sie, mit unerschütterlicher Gewissheit, wer er ist. Sie erleben die Begegnung mit diesem Wesen als Erfüllung, als die Vollendung ihres Lebens.

Die Sterbenden erleben bei der Begegnung mit diesem Lichtwesen im Detail Folgendes: Es scheint, als hätten sie ihr ganzes Leben lang unbewusst nach der Liebe, die diese Lichtgestalt ausstrahlt, gesucht und auf diese gewartet. Daher erleben sie die Begegnung mit ihr wie eine „Rückkehr nach Hause" – als hätten sie endlich das Ziel ihres Lebens gefunden. Noch vor dem Tod zaubert diese Begegnung oft einen Glanz tiefer Freude auf ihr Gesicht. [6]

Doch auch für die Begegnung mit diesem Lichtwesen gilt, dass der Sterbende nur dann imstande ist, es zu sehen, wenn er auf Erden die Liebe zumindest in Ansätzen gelebt hat, und sie daher nun, an der Grenze zwischen Leben und Tod, mit seinen „geistigen Augen" sehen kann.

Körper, Seele und Geist

Umhüllt und getragen von der Liebe dieser strahlenden Lichtgestalt spürt der Sterbende, wie seine geistigen Körper (der Ätherleib und der Astralleib) sich von seinem physischen Körper zu lösen beginnen.

Um die weiteren Erfahrungen des Sterbenden – oder besser des Verstorbenen – beschreiben zu können, ist es erforderlich, sich zunächst dem Aufbau des Menschen eingehend zu widmen. Ein Mensch ist ja mehr als nur ein physischer Körper. Laut dem Apostel Paulus, der viele Briefe geschrieben hat, die zum Teil im Neuen Testament in der Bibel aufgenommen wurden, besteht ein Mensch aus Körper, Seele und Geist.[7] Im esoterischen Christentum wurde diese Dreiteilung zu einer Vierteilung ausgeweitet. Und zwar folgendermaßen:

* Ein Mensch hat zunächst einmal *einen physischen Körper.*
* Dieser physische Körper wird durch göttliche Energien lebendig, die in der traditionellen östlichen Lehre „Prana" und in der westlichen Lehre „der Odem Gottes" genannt werden. [8] Diese Energien strömen in Form einer Hülle um den physischen Körper herum und durch ihn hindurch. Dieser geistige Körper wird als „Ätherleib" bezeichnet und ist meist ein wenig größer als der physische Körper. [9] Hellsichtige nehmen diesen Körper als graublaue Strömung wahr, die sich um den physischen Körper herum bewegt.

  Um das Wesen dieses Körpers begreifen zu können, ist

es sinnvoll, den Unterschied zwischen einem Toten und einem schlafenden Menschen zu betrachten. Daran können Sie genau erkennen, welche Aufgabe der Ätherleib hat: Er macht den physischen Körper lebendig. Ein toter Körper ist ein physischer Körper, der vom Ätherleib verlassen wurde und daher tot ist. Doch der schlafende Körper wird durch den Ätherleib am Leben gehalten. Dieser wird daher auch als „Vitalitätskörper" bezeichnet. Wir sprechen hier zwar von einem „Körper", doch sollte man dabei nicht an etwas Materielles denken, sondern vielmehr an Energien, die die Form eines Körpers annehmen.

Paulus bezeichnet den physischen und den ätherischen Körper zusammen schlichtweg als „den Körper". Das ist durchaus verständlich, denn ohne den Ätherleib wäre unser physischer Körper tot oder, anders ausgedrückt, eine Leiche.

⁕ Neben dem physischen Körper und dem Ätherleib besitzt der Mensch noch einen zweiten geistigen Körper – den Astralleib oder Seelenleib. Dieser Körper bildet die Basis unserer *Seele*. Diese beiden, unsere Seele und unser Astralkörper, sind so eng miteinander verbunden, dass sie wie eine „Zwei-Einheit" erscheinen. Unsere Seele ist der Träger unseres Bewusstseins. Wenn man den Unterschied zwischen einem schlafenden und einem wachen oder bewussten Menschen betrachtet, erkennt man, was die Seele tut: Sie weckt uns und unser Bewusstsein, so dass wir imstande sind, aktiv am irdischen Leben teilzunehmen. Darüber hinaus ist unsere Seele auch Trägerin unserer Triebe, Emotionen und unseres Egoismus. Außerdem kommen in unserer Seele die Kräfte des Fühlens, Wollens und Denkens zur Entfaltung, und zwar dank des stillen Wirkens des Geistes in uns – unseres Ich.

Unser Astralkörper (unser zweiter geistiger Körper) reicht weiter und ist größer als der ätherische und der physische Körper. Er hat auch eine deutlich wahrnehmbare Ausstrahlung: Hellsichtige sehen die Farbenpracht dieses Körpers als Aura.

* In diesen drei Körpern (dem physischen Körper, dem Ätherleib und dem Astralleib) lebt als höchste geistige Kraft das „Ich".

Unser Ich besteht aus zwei Teilen: Einerseits aus dem „niederen Ich" oder dem „Ego", andererseits aus dem „Höheren Ich", das auch als unser „Höheres Selbst" bezeichnet wird. Durch unser höheres Ich wirkt der *Geist*. Auch diese beiden, unser höheres Ich und der Geist, stehen in enger Verbindung miteinander und bilden gleichsam eine „Zwei-Einheit".

* So, wie unser physischer Körper aus der Erdenwelt stammt, stammt unser Ätherleib aus der ätherischen Welt. Unser Astralleib wiederum stammt aus der Planetenwelt oder Astralwelt. Unser Ich jedoch kommt aus einer höheren Welt jenseits der Planeten – es kommt aus einem Lichtreich. [10]

Der physische Körper fällt vom Verstorbenen ab

Tritt der Tod ein, so lösen sich der Ätherleib, der Astralleib und das Ich vom physischen Körper. Dieser Prozess beginnt im Bereich des Herzens. Für die lieben Freunde, die sich rund um den Sterbenden versammelt haben, ist dies manchmal als ein „Aufleuchten“ wahrnehmbar – als eine Vibration, eine kleine Energiewolke oder so etwas wie ein Lichtblitz. Mit diesem Aufleuchten beginnt das eigentliche Sterben. [11] Denn nun lösen sich die geistigen Körper langsam vom physischen Körper und verlassen ihn über das Kronen-Chakra.

Wenn der Tod eintritt, kühlt der physische Körper ab und wird kalt – die Lebenskräfte des Ätherleibs haben ihn ja nun verlassen. Die Füße und Beine werden zuerst kalt. Sie werden als Erste vom Ätherleib – gemeinsam mit dem Astralleib und dem Ich – verlassen, wenn dieser wie eine Hülle über den physischen Körper gleitet und diesen letztendlich über das Kronen-Chakra verlässt. Lediglich das Kronen-Chakra bleibt (auch nach dem Tod) noch eine Zeit lang warm. Es war ja der letzte Verbindungspunkt zwischen dem physischen Körper und dem Ätherleib, der dem physischen Körper während des Erdenlebens Wärme und Lebenskraft schenkte.

Für die Umstehenden scheint es, als würde der Sterbende beim Eintritt des Todes den physischen Körper verlassen, um in eine andere, höhere Welt einzutreten. Sie erleben, dass der Sterbende von ihnen geht und sie zurücklässt. Der Sterbende selbst erlebt dies freilich genau umgekehrt. Für ihn ist es so, als würde sein physischer Körper von ihm abfallen und langsam immer weiter von ihm weggleiten. Zugleich sieht er, wie zusammen mit dem weggleitenden Körper allmählich auch seine Freunde und die Erde selbst ihm zu entgleiten beginnen und sich von ihm wegbewegen. Das bedeutet, dass wirklich alles, was ihm vertraut ist, beginnt, sich von ihm wegzubewegen und ihn im Stich lässt. Sowohl für den Sterbenden als auch für die Freunde, die er zurücklässt, ist dies eine tiefgreifende Erfahrung, die einen bleibenden Eindruck hinterlässt.

Wodurch entsteht diese unterschiedliche Wahrnehmung beim Sterbenden und bei den zurückbleibenden Freunden? Auf Erden sehen wir nicht, dass sich die Erde fortwährend dreht und in Bewegung ist – wir drehen uns ja die ganze Zeit über auf der Erde selbst mit. Doch nun, da der Sterbende die Erde verlässt, sieht er, wie sich die Erde – und mit ihr alles, was ihm lieb und teuer ist – in ihrer ewigen Rotationsbewegung von ihm wegdreht. So wird der Unterschied im Erleben zwischen dem Sterbenden und den Hinterbliebenen verständlich.

Sofort mit dem Eintritt des Todes wird klar, dass der Sterbende in eine völlig andere Welt eintritt, in der er ganz andere Erfahrungen macht und sich wieder neu orientieren muss, weil in dieser Welt nichts so ist, wie es auf Erden war. Folglich wird nun auch sofort klar, dass mit dem Tod ein tiefgreifender, alles umfassender Verwandlungsprozess einsetzt, bei dem der Verstorbene zu einem geistigen Wesen und Bewohner der geistigen Welten umgewandelt wird.

Die Silberschnur

Wenn der Ätherleib, der Astralleib und das Ich den physischen Körper verlassen haben, bleiben sie nur noch durch die Silberschnur mit diesem verbunden. Solange diese Silberschnur intakt bleibt, können sie noch zurückkehren und sich wieder mit dem physischen Körper verbinden. Bei einem Nahtod-Erlebnis geschieht Folgendes: Eine Weile lang streifen der Ätherleib, der Astralleib und das Ich durch die geistige Welt und gewinnen dort verschiedenste neue Eindrücke, kehren dann jedoch wieder zurück und verbinden sich erneut mit dem physischen Körper.

Erst wenn die Silberschnur zerreißt, tritt der Tod endgültig ein – ein Prozess, der mit dem Durchtrennen der Nabelschnur bei der Geburt vergleichbar ist. In der Bibel findet sich noch eine Reminiszenz daran. Im Buch „Der Prediger Salomo" sagt der Verfasser: „Ehe denn der silberne Strick wegkomme." Er meint damit: „Bevor der Tod eintritt." [12] Diese Bemerkung zeigt, dass jenes Werk von einem Eingeweihten geschrieben wurde, der über jenes geheime Wissen über das Leben nach dem Tod verfügte.

2.

DIE ERSTEN EINDRÜCKE NACH DEM TOD

Ein Gefühl überwältigender Freude

Wenn der Tod eingetreten ist, sieht der Verstorbene seinen physischen Körper erstmals von außen und erhält endlich einen vollständigen Eindruck von seinem Körper. Zuvor war ihm das nicht möglich gewesen. Er hatte bis dahin nur einen Teil von sich oder sich selbst in einem Spiegel oder auf einem Foto sehen können. Doch niemals hatte er sich selbst mit Abstand wahrnehmen können, so, wie man selbst andere Menschen im eigenen Umfeld sieht. [13] Jetzt war das zum ersten Mal möglich – eine für den Verstorbenen tiefgreifende Erfahrung.

Während er von außen auf den physischen Körper hinabschaut, der immer weiter von ihm weggleitet, beginnt ihn ein überwältigendes Gefühl der Freude zu erfüllen: Er erlebt in diesem Moment, dass er lebt, auch wenn ihm sein Körper entglitten ist. Damit erkennt er zu seiner tiefen Verwunderung, dass der Geist stärker ist als die Materie. Anders ausgedrückt: Er erfährt den Sieg des Geistes über die Materie.

Dadurch kommt der Verstorbene zu der Erkenntnis, dass die Materie offensichtlich nicht imstande ist, den Geist gefangenzuhalten. So wird die unerschütterliche Lebenskraft des Geistes ganz konkret für ihn spürbar – und das hinterlässt bei ihm einen tiefen, nachhaltigen Eindruck. Somit ist die erste bewusste Erfahrung, die der Verstorbene macht, nachdem der Tod eingetreten ist, ein Gefühl tiefer Ehrfurcht und Verwunderung. Er spürt, wie er – während er die ganze Zeit auf seinen Körper schaut, der langsam von ihm weggleitet – von purer Freude vollkommen überwältigt wird. Es ist eine freudvolle Erfahrung, die wirklich mit nichts auf der Erde vergleichbar ist. [14]

Es ist ein merkwürdiges Paradoxon, dass die erste Erfahrung, die der Verstorbene macht, ihm tiefe Freude beschert, während diejenigen, die auf Erden zurückgeblieben sind und sich um den toten Körper ihres lieben Freundes versammelt haben, nun gerade von tiefem Kummer erfüllt sind. Doch der Verstorbene darf erfahren, wie sein neuer Weg auf der anderen Seite des Todes – ein Weg, der ihn durch verschiedene geistige Welten führen wird – mit einer tiefen, intensiven Freude beginnt. Immer wieder wird er, je weiter er auf seinem Weg kommt, auf diesen Augenblick zurückblicken, und immer wieder wird er die Freude verspüren, mit welcher er dieses neue Leben auf der anderen Seite beginnt.

Übrigens wird nicht jeder Verstorbene diese Freude in ihrem vollen Umfang erleben – das hängt von dem Grad an Bewusstsein ab, mit dem der Sterbende dem Tod begegnet und von dem Maße, in dem er auf alles vorbereitet beziehungsweise für alles offen ist, was ihn erwartet. Je weniger er vorbereitet ist und je weniger Offenheit er an den Tag legt, desto stärker ist sein Bewusstsein gedämpft. So gibt es auch Sterbende, die das Leben nach dem Tod ohne jegliches Bewusstsein beginnen und erst nach langer Zeit – zumindest aus irdischer Sicht betrachtet – zu einem neuen Bewusstsein erwachen.

Das Mysterium Christi

Wenn der Verstorbene seine Aufmerksamkeit auf das strahlende Lichtwesen richtet, das ihm bei diesem Übergang in ein anderes Leben mit seiner Liebe beisteht, erkennt er plötzlich, dass es sich dabei um jenes Wesen handelt, das auf Erden oft als „Jesus", „Jesus Christus", „der Kosmische Christus", „der Heilige Geist", „der Logos" oder „der Sonnengeist" bezeichnet wird.

Diejenigen, die auf Erden bereits eine gewisse Verbindung zu ihm hatten, wissen im gleichen Moment, welches das eigentliche Geheimnis dieses Wesens ist oder was das Mysterium von Jesus Christus bedeutet. Es ist so, als fänden sie plötzlich eine Antwort auf all die Fragen, die sie sich während ihres Erdenlebens immer wieder gestellt hatten, wie etwa: „Wer ist Jesus Christus denn wirklich?" oder „Was ist der Heilige Geist?" Sie verstehen jetzt auch, dass er nicht nur Herr über Leben und Tod ist, sondern auch derjenige, der während ihres Lebens auf Erden über ihr Gewissen zu ihnen sprach.

Indem der Verstorbene Einblick in das eigentliche Geheimnis des kosmischen Geistes erhält, den andere „Jesus

Christus“ nennen, erhält er plötzlich auch Einsichten zur Frage: „Was ist eigentlich der Sinn des Lebens auf Erden?“ Es ist, als läge das Geheimnis des Lebens plötzlich wie ein offenes Buch vor ihm. Sobald er sich all dieser Erkenntnisse bewusst wird, versteht er auch, warum Christus eine universelle Gestalt ist, deren Mysterium sich in allen Religionen auf verschiedene Weise widerspiegelt. Diese Erfahrung schenkt dem Verstorbenen einen umfassenden Einblick in die Geheimnisse des Kosmos, die er jetzt, da er nicht mehr durch die Grenzen behindert wird, die sein physischer Körper seinem Bewusstsein gesetzt hatte, mühelos erfassen kann.

Während er zu der Lichtgestalt emporblickt, die ihn mit ihrem Licht und ihrer Liebe durch das Tor des Todes begleitet hat und diesen ersten Schritt im neuen Leben so überwältigend erhaben erscheinen lässt, erkennt er bis in die tiefsten Fasern seines Lebens: „Ich bin zu Hause, ich bin endlich zu Hause.“ Jetzt gelangt der Verstorbene zu der Erkenntnis: „Die Liebe, die von Jesus Christus ausgeht, ist der eigentliche Sinn und das eigentliche Ziel meines Lebens.“

Die bewusste Verbindung mit Jesus Christus (oder mit diesem Lichtwesen) ist die zweite große Freude, die der Verstorbene direkt nach dem Tod erfährt. Dabei ist er sich fortwährend bewusst, wie Christus ihn mit seiner Liebe umhüllt und ihm dadurch den Mut gibt, auf diesem neuen, so andersartigen Weg weiter voranzuschreiten.

Eine bleibende Hilfe

Durch die Fülle an Eindrücken und Impulsen wird dem Verstorbenen allmählich schwindelig, und er droht, in eine Art Ohnmacht zu fallen, die einem Tiefschlaf ähnelt. Doch sobald er seine Aufmerksamkeit wieder auf den verstorbenen physischen Körper lenkt, den er soeben verloren hat, geschieht etwas Besonderes: Indem er jenen Körper sieht, wird die Erinnerung an den Menschen, der er auf Erden war, sowie an den Charakter, den er damals besaß, wieder lebendig. Dadurch wird er wieder wach – sein Ich erwacht erneut. Er kommt wieder zu sich und wird sich bewusst, wer er ist und wo er sich nun befindet.

So wird es dann immer wieder sein: Sobald der Verstorbene Gefahr läuft, auf seiner Reise durch die geistigen Welten durch eine Übermacht an Eindrücken und Impulsen überflutet zu werden und in den Schlaf zu verfallen droht, blickt er wieder auf seinen physischen Körper zurück. Dieser Körper erinnert ihn an den Menschen, der er auf Erden gewesen ist. Dadurch kommt er wieder zu sich und wird sich bewusst, wer und wo er ist. So wird ihm das Bild des physischen Körpers, der ihm beim Sterben entglitten ist, auf seiner weiteren Reise durch die geistigen Welten zu einer bleibenden Stütze.

Unser Leben hat einen Sinn

Wenn der Verstorbene zur Erde zurückblickt, auf seinen eigenen physischen Körper und auf den Menschen, der er damals war, so sieht er jedoch auch eine Art von Leere. Der Körper, der (soeben erst) eingeäschert oder beerdigt worden ist, hinterlässt auf der Erde einen leeren Platz, eine Leere ohne Energien und Lebenskraft – einen Platz, der früher vom Verstorbenen mit Leben erfüllt worden war, der nun aber verlassen und leer ist. Es ist ein leerer Platz, der auch leer bleibt und dem Verstorbenen etwas sagen will: „Dies ist dein Platz auf Erden. Er bleibt frei, bis du in einem neuen Erdenleben deinen Platz wieder einnimmst."

Indem er sich auf diesen leeren Platz konzentriert und darauf lauscht, was ihm dieser sagen will, versteht der Verstorbene allmählich immer besser, dass sein Erdenleben einen tiefen Sinn besaß und er einen ganz einzigartigen, unentbehrlichen Platz im Leben auf Erden eingenommen hatte.

Auch diese Erfahrung hinterlässt beim Verstorbenen einen tiefen Eindruck, wärmt ihn innerlich und tut ihm gut. Es ist eine Erfahrung, die ihn spüren lässt, dass sein Leben, sein Denken, seine Kreativität und sein Beitrag zum Leben auf Erden nicht vergebens oder sinnlos waren, sondern vielmehr einen sinnvollen Beitrag dazu dargestellt haben.

Auch dieser Impuls, der ihm den Sinn seines soeben vollendeten Erdenlebens spüren lässt, ist für den Verstorbenen ein großes Geschenk und begleitet ihn beständig auf seiner gesamten weiteren Reise durch die geistigen Welten. Es ist ein Impuls, der ihn später dazu bewegen wird, wieder zur Erde hinabzusteigen, um eine neue Inkarnation einzugehen. Er hat ja mit allen Sinnen gespürt, wie sehr die Erde und das Leben auf Erden ihn benötigen. Zusammenfassend können wir sagen, dass der Verstorbene direkt nach dem Tod drei Momente tiefer Freude durchlebt:

- *Die tiefe Ehrfurcht vor dem Geist, der stärker ist als der Tod.*
- *Die Liebe Christi, die ihn umhüllt.*
- *Die tiefe Erkenntnis des Sinnes des Lebens, das er soeben vollendet hat.*

Von all diesen Impulsen getragen, wird der Verstorbene nun zu seiner Reise durch die geistigen Welten aufbrechen.

Die Ekstase der Hinterbliebenen

Immer mehr Menschen berichten, dass sie nach dem Tod eines geliebten Menschen tagelang eine tiefe Freude empfinden, beinahe so, als würden sie sich in einer Art von Ekstase befinden. Erst später, wenn dieses Gefühl der Freude abzuebben beginnt, werden der Kummer und der Verlust spürbar, und der Verarbeitungsprozess beginnt. Woher kommt dieses erhebende Gefühl? Ein Gefühl, das so schwer mit anderen zu teilen ist, weil niemand versteht, dass man sich gerade in diesem Moment, da man eben erst einen geliebten Menschen verloren hat, so euphorisch fühlen kann.

Dieses Gefühl von Ekstase entsteht, weil immer mehr Menschen in der heutigen Zeit – unbewusst – miterleben dürfen, was der Verstorbene erlebt. Sie begeben sich gleichsam selbst ein kleines Stück weit mit über die Grenze. Dies wird durch die Kraft ihrer Liebe möglich. Dadurch bekommen auch sie einen Hauch von den drei überwältigenden Momenten der Freude zu spüren, die der Verstorbene direkt nach dem Tod erleben darf – eine Freude, die in ihrem Herzen zur Ekstase wird. [15]

Nach drei Tagen, wenn der Verstorbene in höhere Welten aufsteigt, können die Hinterbliebenen seine Erfahrungen nicht mehr mitempfinden und miterleben. Dann schwindet die Euphorie, und der eigentliche Trauerprozess beginnt.

3.

DER ERSTE RÜCKBLICK

Das Lebenspanorama oder „Erinnerungstableau“

Wenn sich der Ätherleib vom physischen Leib gelöst hat, steht er nicht mehr länger in den Diensten dieses Körpers und muss ihn nicht mehr am Leben erhalten. Dadurch können die eigenen Kräfte des Ätherleibes freiwerden. Damit wir verstehen können, was dies bedeutet, ist es wichtig zu wissen, dass der Ätherleib Träger unserer Erinnerungen ist. Alles, was wir im Laufe unseres irdischen Lebens miterlebt haben, ist in diesen Körper „eingraviert“. Nun, nach dem Tod, befreit von der Verpflichtung dem physischen Körper gegenüber, beginnt es sich zu entfalten. Alle Kräfte, die so lange Zeit zusammengeballt waren, entfalten sich nun allmählich. Folglich werden auch alle Erinnerungen frei, die im Ätherleib eingraviert sind. Dadurch erscheinen diese Erinnerungen als großer Kreis von lebendigen Bildern, der den Verstorbenen umgibt. Er wird, wohin er auch schaut, von den farbigen, lebendigen, bewegten Bildern aus seinem soeben vollendeten Leben umringt. [16]

Es sind wirklich alle Bilder dabei: Die Bilder aus der Zeit, als er noch ein Kind war, aber auch aus der Phase, die seinem

Tod voranging, tauchen abwechselnd rings um ihn herum auf. Selbst die kleinsten Ereignisse, die der Verstorbene selbst schon längst vergessen hatte, werden wieder lebendig. So beginnt alles, was er zwischen seiner Geburt und seinem Tod erlebt hat, in einer Bilderflut an ihm vorüberzuziehen. Es handelt sich dabei um lebendige Bilder, die sich fortwährend bewegen, die auftauchen und dann wieder langsam verblassen. Verwunderlich daran ist freilich, dass alle diese Bilder auch Klänge erzeugen: Es geht eine kosmische, überirdische Musik mit einer großen Klangfülle von ihnen aus. Dadurch scheint es, als würde der Verstorbene nun erst wirklich imstande sein zu vernehmen, was diese Bilder ihm eigentlich sagen wollen. Außerdem erklingen sie nicht nur, sie leuchten auch und strahlen eine intensive Lichtkraft aus. Darüber hinaus wirken sie erwärmend – sie wärmen die Seele des Verstorbenen.

Stundenlang, bis zu etwa drei Tagen, schweben alle diese Bilder um den Verstorbenen herum und fordern seine Aufmerksamkeit. Im esoterischen Christentum werden diese Erinnerungen, die sich nach unserem Tod drei Tage lang um uns herum bewegen, „unser Lebenstableau", „unser Lebenspanorama" oder „unser Erinnerungstableau" genannt.

Der Herr über das Karma

Bei diesem ersten Rückblick auf das (nun vergangene) irdische Leben steht dem Verstorbenen eine strahlende Lichtgestalt bei. Es ist dieselbe Lichtgestalt, die ihm schon früher beigestanden hatte, als er durch das Tor des Todes schritt, und die ihm damals so viel Liebe und Kraft schenkte. Menschen, die ein Nahtod-Erlebnis gehabt haben, berichten immer wieder, dass sie dabei gemeinsam mit einem Lichtwesen – das viele auch „Jesus“ oder „Christus“ nennen – auf ihr irdisches Leben zurückblickten. Dabei gingen von diesem Lichtwesen, so erzählen sie, besonderer Trost und Ermutigung aus. Insbesondere bei allen düsteren Erfahrungen, auf die sie zurückblickten – ihre Fehler, ihre Niederlagen, die verletzenden Worte oder Taten, die sie jemandem angetan hatten – ließ dieses Lichtwesen sie spüren: „Ganz gleich, welche Fehler du auch begangen hast, ich verurteile dich nicht. Ich liebe dich bedingungslos.“

Bei diesem Rückblick schien es auch, als würde das Lichtwesen immer wieder Fragen stellen: „Was hast du aus deinen Fehlern gelernt? Zu welchen Einsichten bist du durch sie gekommen? Hast du aus ihnen gelernt, um andere mehr und stärker lieben zu können?“

Im esoterischen Christentum heißt es, dass dieses Wesen Christus ist, der uns als der Herr über das Karma bei unserem Rückblick auf das irdische Leben nach dem Tod mit bedingungsloser Liebe beisteht. Der Herr über das Karma überlässt uns die persönliche Verantwortung für unser Leben, hilft uns jedoch, Schritt für Schritt zur Erkenntnis zu kommen und so ehrlich wie möglich über uns selbst zu urteilen. Der Begriff „Herr des Karmas“ – derjenige, der uns dabei hilft, die karmischen Gesetze zu erfüllen – bedeutet, dass dieses Wesen unser Begleiter auf unserem Weg des geistigen Wachstums und damit auch wachsender Erkenntnis ist, und zwar sowohl auf Erden als auch während des Lebens nach dem Tod. [17]

Die Weisheit des Kosmos begreifen und in sich aufnehmen

Bei diesem ersten Rückblick auf die Erinnerungsbilder an dieses soeben abgeschlossene Leben vollzieht sich – dank der stillen Mithilfe durch den Herrn des Karmas – etwas ganz Besonderes: Der Verstorbene betrachtet diese Bilder ohne (zumindest ohne nennenswerte) Gefühle von Freude, Kummer oder Enttäuschung, und folglich auch ohne die Gefühle, die er damals hatte, als er diese Erfahrungen machte.

Für den Verstorbenen ist es fast so, als würde er die Lebensbilder eines Fremden oder eines flüchtigen Bekannten betrachten. Natürlich erkennt er sich selbst und sein irdisches Leben darin voll und ganz wieder. Doch er betrachtet sie zugleich objektiv, als würde er Gemälde in einem Museum oder einen Film im Kino anschauen. Er registriert die Dinge und nimmt sie wahr. Es hat übrigens durchaus seinen Sinn, dass diese Gefühle verschleiert werden, denn sonst würde er wahrscheinlich unter der Last all der Emotionen und Gefühle zusammenbrechen, die er beim Betrachten der Bilder erfährt.

Ein Verstorbener, der bereits zu seinen Lebzeiten auf Erden über ein gewisses Maß an Selbstreflexion verfügte und dabei auch einen kritischen Blick nicht scheute, wird es bei dieser ersten großen Aufgabe nach dem Tod übrigens leichter haben als derjenige, der diese Selbsterkenntnis stets vermieden hatte. Doch wie dem auch gewesen sein mag. Jeder Verstorbene wird durch das Betrachten des Lebenstableaus zu einer Art Stille finden und mit wachsender Ernsthaftigkeit zuschauen.

Außerdem bereitet dem Verstorbenen der Einblick, den er bei diesem Rückblick erwirbt, auch ein großes Geschenk: Je größer seine Selbsterkenntnis wird, desto mehr Potenzial erhält er auch, um die Weisheit zu verstehen, die im Kosmos enthalten ist. [18] Ein tiefer Einblick in sein eigenes Leben führt nämlich dazu, dass der Verstorbene die Fähigkeit („das geistige Sinnesorgan") dazu empfängt, um etwas von der Weisheit und dem Wissen wahrzunehmen und zu ergründen, die in der geistigen Welt liegen – eine Weisheit und ein Wissen, das sonst vor ihm verborgen bleiben würde. Auch für den Erwerb dieser Fähigkeit – oder für die Ausbildung dieses Sinnesorgans zur Wahrnehmung der kosmischen Weisheit – ist es folglich wichtig, dass man bereits zu Lebzeiten auf Erden eine ehrliche und aufrichtige Selbstprüfung erlangt hat!

Eine zweite Bilderflut

Neben all den Erinnerungsbildern an dieses vergangene Erdenleben sieht der Verstorbene auf einmal auch, dass ihn die Gedanken, die er während seines irdischen Lebens hatte, wie lebendige Bilder umgeben. Unser Denken gehört – ebenso wie unser Erinnerungsvermögen – zu den Fähigkeiten unseres Ätherleibes. Das bedeutet, dass in dem Moment, da sich nach dem Tod der Ätherleib entfaltet, auch unsere Gedanken freiwerden, und zwar sogar Gedanken, die wir schon längst wieder vergessen hatten. Sowohl unsere liebevollen Gedanken als auch unsere verurteilenden Erwägungen, zynischen Bemerkungen und negativen Bedenken tauchen als lebendige, bewegte Bilder um uns herum auf. Es wird klar, dass wirklich alle Gedanken, die uns jemals zueigen waren, gespeichert wurden und sich uns nun zeigen.

Es ist übrigens eine durchaus schockierende Erfahrung für den Verstorbenen, dass seine Gedanken – die er auf Erden als etwas so Persönliches und ganz Intimes empfunden hatte, dass er sie vielleicht manchmal mit einem einzigen auserwählten Menschen, jedoch zumeist mit überhaupt keinem anderen teilte – ihn nach seinem Tod offengelegt und für jeden sichtbar umschweben.

Doch was sich der Verstorbene bei dieser zweiten Bilderflut vor allem bewusst wird, ist Folgendes: „Alle meine Gedanken, die der Ausdruck dessen sind, was ich spürte und wünschte, befinden sich nun außerhalb von mir in einem Kreis um mich herum und sind nicht mehr in meinem Inneren. Hier, in der geistigen Welt, sind sie offensichtlich Teil des Lebens im Kosmos. Sie sind offensichtlich Ausdruck dessen, was mich während meines Erdenlebens beseelt hat – und folglich auch Ausdruck meines Innenlebens. Doch nun, nach meinem Tod, werden sie in die geistige Welt aufgenommen. Alle meine Gedanken haben folglich eine gewisse Bedeutung für die geistige Welt und verändern diese Welt sogar ein wenig." Für den Verstorbenen ist dies eine schwindelerregende, gewaltige Erfahrung, an der er sich bewusst werden kann, welche Bedeutung seine Gedanken für die geistige Welt haben.

Eine Wolke der Dankbarkeit

Die geistige Welt ist dem Verstorbenen für die Weisheit, die Liebe und die Erkenntnisse, die in der Bilderflut seiner Gedanken zum Ausdruck kommen, dankbar. Sie werden als ein großes Geschenk betrachtet. Der Verstorbene wird von einer Wolke der Dankbarkeit umhüllt, die ihm das Gefühl von Geborgenheit, Wärme und Sicherheit vermittelt. Diese „Verhätschelung" wird für ihn spürbar, sobald er sich auf die Gedanken konzentriert, die aus seinem Ätherleib ausströmen und in der geistigen Welt aufgenommen werden.

Es ist übrigens äußerst tiefgreifend, was der Verstorbene jetzt plötzlich erlebt: Er erlebt den Beginn der Umkehrung von innen nach außen. Sowohl seine Erinnerungen als auch seine Gedanken, die er stets in seinem Inneren trug und hütete, werden nun zu Bildern, die sich außerhalb von ihm befinden und sich um ihn herum versammeln. Es ist der erste Schritt hin zu einer Anpassung an die geistige Welt oder die erste Stufe einer schrittweisen Umbildung, die den Verstorbenen in ein geistiges Wesen verwandeln wird.

Selbstdisziplin

Es dürfte deutlich geworden sein, dass der Einblick in den Weg, den der Verstorbene auf der anderen Seite des Todes geht, nicht nur für Sterbende wichtig ist. Wer erkennt, dass alle unsere Gedanken lebendige Wesen sind, die nach unserem Tod in das Leben des Kosmos integriert werden und uns dabei als lebendige Bilder umgeben, wird seine Gedanken sorgfältiger hüten. Diese Menschen werden erkennen, dass Selbstdisziplin notwendig ist, um Klatsch und Tratsch, verurteilende Gedanken und Zynismus zu überwinden – Selbstdisziplin, die darauf ausgerichtet ist, alle unsere Gedanken in respektvolle, liebevolle Gedanken umzuwandeln. Der Einblick in das Leben nach dem Tod ist folglich auch wichtig für die Lebenden!

Totenwache beim Verstorbenen

In vielen Religionen und Kulturen ist es schon seit Jahrhunderten Brauch, an den ersten drei Tagen, nachdem jemand verstorben ist, bei dessen Leichnam Totenwache zu halten. Das hat einen besonderen Grund. Jetzt, da der Verstorbene während dieser Tage auf das vergangene irdische Leben zurückblickt, ist es sehr hilfreich, wenn zurückgebliebene Freunde diesen Rückblick teilen und unterstützen. Es ist hilfreich, wenn sie während dieser Tage ihre bleibende Liebe und ihren Respekt für alles, was er für sie bedeutet hat, aussprechen und ihm ihre Liebe zuteil werden lassen. Ihre Worte und Gedanken erreichen den Verstorbenen in der Tat direkt, erleichtern ihm den Rückblick und bereiten ihm tiefe Freude.

Gerade jetzt, da der Verstorbene auch die vielen düsteren Gedanken und Taten sieht, die aus seinem Ätherleib freigesetzt wurden und nun in Form von Bildern um ihn herum auftauchen, ist es wohltuend, wenn er die Stimmen von lieben Freunden hört, die sagen: „Wie viel hast du doch für mich bedeutet! Was hast du mich doch inspiriert! Und wie viel schwieriger und einsamer wäre mein Leben ohne dich gewesen." Solche oder ähnliche Worte. Wir dürfen die Kraft und die geistige Stütze nicht unterschätzen, die der Verstorbene durch eine Totenwache erhält, die in diesem Sinne gehalten wird; denn diese ist viel größer und bedeutungsvoller, als wir es auf Erden oft für möglich halten!

Vielleicht sollten wir es so formulieren: Die Hinterbliebenen schaffen während der ersten drei Tage mit ihrer Totenwache einen geschützten Raum, in dem der Verstorbene sich mit seinem Lebenstableau beschäftigen kann. [19] Dabei ist es sinnvoll, den Dahingeschiedenen zu unterstützen, indem man ihm Texte vorliest, die für ihn bedeutend und inspirierend waren. Eine besondere Kraft geht dabei vom ersten Teil des Johannes-Evangeliums aus, dem Prolog. [20] Auch die passende Musik kann helfen, um rund um den Leichnam des Verstorbenen eine gute Atmosphäre zu bewahren. Kinder können für den Verstorbenen ein Bild malen.

Bei der Totenwache können die Hinterbliebenen wahrnehmen, wie der Verstorbene sich immer mehr von seinem physischen Körper ablöst. Sie spüren, dass der Körper nach drei Tagen nun wirklich verlassen ist und in eine andere Form übergehen kann – er kann an die Erde zurückgegeben werden. Renée Zeylmans erzählt, dass ein kleines Mädchen drei Tage nach dem Tod seiner Oma gesagt hat: „Oma ist kalt und Oma mag die Kälte nicht. Deshalb ist sie in den Himmel gegangen." [21]

4.

DER ÄTHERLEIB WIRD ABGELEGT

Der Ätherleib löst sich auf

Wie bereits erwähnt, dauert der Rückblick auf das Erdenleben oder auf das Erinnerungstableau, das aus dem Ätherleib freigesetzt wird, drei Tage.[22] Dabei beginnt der Ätherleib, sich immer weiter zu entfalten und auszudehnen. Er wird immer größer und größer und breitet sich immer mehr in die ätherische Welt aus. Letztendlich geht diese Ausweitung und Ausdehnung des Ätherleibs so weit, dass er mit der ätherischen Welt eins wird. Die freigesetzten Kräfte werden von den Energien der ätherischen Welt aufgenommen. Dieser Prozess, bei dem der Ätherleib mit der ätherischen Welt eins wird, wird gern mit Zucker verglichen, der sich in einer Tasse Tee auflöst. Folglich heißt es auch, dass sich der Ätherleib in der ätherischen Welt „auflöst". [23]

Der Verstorbene erlebt diesen Prozess so, als würde er seinen Ätherleib „ablegen" oder „ausziehen". Lediglich die Essenz seines Lebenstableaus, die auch gern als „Extrakt" bezeichnet wird, nimmt der Verstorbene mit. Dieser Extrakt besteht aus den geistigen Errungenschaften des vergangenen Erdenlebens. Er ist daher auch mit der Umschreibung „die Früchte des eben verstrichenen Lebens" gemeint. Dieser Extrakt wird vom (oder in den) Astralkörper aufgenommen und begleitet den Verstorbenen in dieser Form auf seiner weiteren Reise. [24] Alles, was auf dieser Reise als Impuls und Keim für ein neues Erdenleben aufkommt, stammt aus diesem Extrakt. [25]

Auf den Verstorbenen macht der Anblick des Ätherleibs, der sich ausweitet und in den Kosmos hinausströmt, um damit eins zu werden, tiefen Eindruck: Es ist, als dürfe er Augenzeuge eines großen, erhabenen Ereignisses sein. Es dringt immer mehr zu ihm durch, dass er nun einen Teil des Kosmos bildet. Sein eigener Ätherleib, der ihm so lange so treu gedient und seinem physischen Körper all die Jahre seine Lebenskraft geschenkt hatte, wird nun Teil der kosmischen Kräfte. Dadurch wird er sich folgender Erkenntnis bewusst: „Auf Erden war ich ein irdisches Wesen, doch nun bin ich Teil des Kosmos," So erweitert sich sein geistiger Horizont, und er wird sich (noch intensiver) bewusst, dass er ein Bürger des Kosmos ist.

Auf den Ätherleib hinabschauen

Wir haben bereits gesehen, dass es für den Verstorbenen ein wichtiger Moment ist, wenn er auf seinen physischen Körper, den er für immer verloren hat, hinabschaut. Er erwacht durch diesen Anblick und gewinnt in diesem Augenblick sein Selbstbewusstsein – oder das Bewusstsein seiner selbst – zurück. Indem er auf den weggleitenden physischen Körper niederblickt, vermittelt ihm das zugleich auch einen wichtigen Halt angesichts der vielen Eindrücke, die ihn zu überfluten und ihm das Bewusstsein zu rauben drohen. Es sind Eindrücke, durch die er in den Schlaf zu versinken droht. Immer wieder blickt der Verstorbene auf den weggleitenden Körper oder besser gesagt auf das Bild davon, um sich seiner selbst wieder bewusst zu werden.

In ähnlicher Weise findet der Verstorbene Halt, indem er auf seinen Ätherleib zurückblickt, der ihm entgleitet. Sein Astralleib – und damit seine Seele – erwacht zum Leben, wenn er (während der ersten drei Tage nach seinem Tod) die Gedanken betrachtet, die aus dem Ätherleib entströmen und in einer Bilderflut lebendig werden. Immer wieder, wenn der Astralleib auf seiner weiteren Reise in den Schlaf zu versinken droht – blickt er auf den damaligen Augenblick zurück, als die Gedanken zum Leben erwachten und der Astralkörper die Essenz davon in sich aufnahm.

Die Lebenskräfte jung verstorbener Menschen

Wenn Menschen jung sterben, sind die Lebenskräfte ihres Ätherleibs bei weitem noch nicht aufgezehrt. Die Ätherkräfte, die ein Mensch bei seiner Geburt mitgegeben bekommt, reichen ja für ein ganzes Leben über eine Zeitspanne von achtzig bis neunzig Jahren. In jungen Jahren verstorbene Menschen nehmen bei ihrem Tod den Großteil dieser Kräfte wieder mit in die geistige Welt zurück. Dadurch geschieht mit dem Ätherleib von jung Verstorbenen etwas Besonderes: Er löst sich im Kosmos nicht so schnell auf, um mit der ätherischen Welt eins zu werden, sondern bleibt viel länger intakt. Die unverbrauchten Lebenskräfte werden in dieser Zeit von höheren Engeln verwendet, um Menschen aufzuwecken, die nach ihrem Tod den Weg zurück in die Lichtwelt nicht finden können, weil sie noch zu sehr mit der Erde und mit ihrem Erdenleben verhaftet sind. Die Tatsache, dass es diesen Menschen letztendlich doch gelingt, den Weg zu finden und in die Lichtwelt nach Hause zurückzukehren, verdanken sie folglich diesem ganz besonderen Geschenk jung verstorbener Menschen. [26]

Außerdem verstärken die unverbrauchten Kräfte eines jung Verstorbenen im folgenden Leben dessen Willenskraft. Dadurch, dass er jung verstarb, konnte er viele Möglichkeiten und Pläne auf Erden nicht verwirklichen. Durch seinen frühen Tod musste er sich beschränken. Dadurch erwachte in ihm beim Rückblick nach seinem Tod der Wunsch, in einem späteren Leben voller Enthusiasmus auf alles einzugehen, was ihm dieses Erdenleben so bieten würde. So kommt es, dass er sich in diesem folgenden Leben von allen Geschehnissen stark angezogen fühlt und darauf emotional reagiert.

Auch ist es so, dass die ätherischen Kräfte eines jungen Menschen vor allem aus Willenskraft bestehen, während sich die Ätherkräfte eines alten Menschen im Laufe der Jahre in viel höherem Maße in Weisheit verwandelt haben. Aus diesem Grund ist das Lebensende eines Menschen, der in jungen Jahren stirbt, von dieser Willenskraft geprägt. Folglich beginnt auch sein nächstes Leben wieder mit dieser verstärkten Willenskraft. Das Ende eines Lebens ist ausschlaggebend dafür, wie das nächste Leben beginnt.

Menschen, die in spät(er)en Jahren sterben, stehen in der nächsten Inkarnation hingegen ganz anders im Leben: Sie sind besonnener und haben ein starkes Innenleben. Ihre

Ätherkräfte waren ja in Weisheit und Besonnenheit umgewandelt worden, und folglich schließt sich das nächste Leben an diesem Niveau an. Wer dies weiß, kann bei sich selbst (und auch bei einem Mitmenschen) feststellen, ob der Betreffende in seinem vergangenen Leben jung verstorben ist oder eben im hohen Alter.

Eine letzte Tatsache sollte hierzu noch erwähnt werden: Wer jung stirbt, wird versuchen, von der geistigen Welt aus seine Eltern und Geschwister auf einen Weg der Bewusstwerdung zu bringen und wird dies auch tun dürfen. Nicht umsonst bedeutet der Tod eines Kindes für viele Eltern auch einen starken Impuls hin zu geistiger Bewusstseinserhöhung – einen Impuls, um einen Weg wachsender Erkenntnis zu gehen und Einblick in das zu erhalten, was vor unseren physischen Augen verborgen ist. Sie sollten wissen, dass die spirituelle Erkenntnis, die sie sich zu Lebzeiten erarbeiten, ein großes Geschenk für ihr verstorbenes Kind bedeutet. Ihr Kind erfährt dann nämlich, dass seine Mission, seine Eltern zu einem spirituellen Bewusstsein zu führen, Früchte trägt – und das bereitet ihm tiefe Freude.

Auf dem Weg nach Osten

Wenn der Ätherleib wächst, sich immer weiter ausdehnt, auseinanderfällt und langsam mit der ätherischen Welt eins wird, sucht er sich dabei einen Weg nach Osten, in Richtung Sonne.

Einst war unser Ätherleib auf einer früheren Inkarnation der Erde entstanden – auf der alten Sonne. [27] Daher sucht unser Ätherleib, der sich nun wieder aufgelöst hat und zu den Kräften zurückkehrt, aus welchen er ursprünglich aufgebaut worden ist, seinen Weg in die Welt seines Ursprungs – den Weg zur Sonne.

Der Verstorbene macht sich nach dem Verlust seines Ätherleibs auf den Weg in die Lichtwelt. Dabei folgt er den ausströmenden Kräften seines Ätherleibs und macht sich auf den Weg in Richtung Sonnenaufgang. Damit beginnt die nächste Etappe seiner Reise durch die geistigen Welten, die mit dem Tod des physischen Körpers begonnen hat. [28]

5.

INNEN WIRD AUSSEN, AUSSEN WIRD INNEN

Kamaloka, das Fegefeuer der Astralwelt

Die ätherische Welt, welche die Erde wie eine Hülle umgibt, reicht bis an die Bahn, die der Mond um die Erde zieht. Der Mond ist ja ein Trabant der Erde. Wenn der Verstorbene seinen Ätherleib abgelegt hat und sich in Richtung Sonnenaufgang auf den Weg macht, tritt er über die Bahn, die der Mond zurücklegt, in die Atmosphäre des Mondes ein. Das bedeutet, dass er ab diesem Moment in die Astralwelt eintritt, denn die Astralwelt beginnt mit der Atmosphäre des Mondes.

Eigentlich müsste ich das präziser formulieren, denn meine Worte suggerieren, dass der Verstorbene gewissermaßen eine große Distanz zurücklegt, um in die höhere Sphäre der Astralwelt eintreten zu können. Doch im Grunde gibt es in der geistigen Welt weder Raum, noch Zeit, noch Distanz. Alles ist eine Frage der Bewusstwerdung. Wenn der Verstorbene seinen Ätherleib abgelegt hat, wird sein Bewusstsein erweitert, und er ist zu weitergehenden, höheren Wahrnehmungen fähig. Dadurch wird er sich dieser höheren Welt, der Astralwelt, bewusst. Es geht also um einen Bewusstseins-Übergang und nicht um einen räumlichen Übergang.

Im Folgenden werde ich zwar der Einfachheit halber weiter das Bild der Reise benutzen, aber im Grunde ist das eine Metapher, die der irdischen Welt angehört und für die geistige Welt eigentlich nicht passt. Um die Erfahrungen eines Verstorbenen jedoch so einfach und deutlich wie möglich zu beschreiben, entscheide ich mich dennoch für die irdische Bildersprache.

Die Astralwelt, die der Verstorbene nun betritt, ist auf Erden unter vielen Namen bekannt. In der traditionellen römisch-katholischen Lehre bezeichnen wir diese Welt als das „Fegefeuer" oder „Purgatorium". In der traditionellen östlichen Überlieferung spricht man vom „Kamaloka", was „Ort der Begierde" bedeutet. Der berühmte florentinische Schriftsteller und Dichter Dante Alighieri verwendete im 14. Jahrhundert den Begriff „Läuterungsberg", der seitdem auch von anderen zur Umschreibung der astralen Welt benutzt wurde. [29] Wieder andere sprechen von der „Seelenwelt" oder der „Astralwelt". Die Tatsache, dass so viele Begriffe verwendet werden, zeigt, dass das Wissen um die astrale Welt Bestandteil der meisten Religionen und Kulturen ist.

Verarbeiten und zur Erkenntnis gelangen

Die Reise durch die Astralwelt hat zum Ziel, „die Anhaftung an die Erde und das irdische Leben" zu überwinden und loszulassen. Das kann nur geschehen, indem der Verstorbene die Zeit erhält, alle Erfahrungen und Emotionen des (letzten) Erdenlebens vor Augen geführt zu bekommen. Dadurch wird er sich bewusst, wie er gelebt, gehandelt und geliebt hat. Es ist eine Aufgabe, die er ohne jeglichen Selbstbetrug so ehrlich wie möglich erfüllen muss. Nur so kann er die geistigen Errungenschaften seines Erdenlebens verstehen und erkennen, welche karmischen Lektionen er im nächsten Leben durchleben muss.

Dazu gehört, dass er alles, aber auch wirklich alles, was er sich auf Erden nicht bewusst gemacht hatte, genau vor Augen führen muss. Daher steht die Reise durch die sieben Astralwelten auch ganz im Zeichen der Bewusstwerdung und der Erkenntnis der Tatsache: „Das bin ich – und so habe ich gelebt." Auf diese Bewusstwerdung folgt ein Prozess, in dem man alles sortiert und zur Erkenntnis kommt: „Dies hier war aufrichtig, doch jenes war unsauber." Nur so ist der Verstorbene imstande, selbst Schlussfolgerungen im Hinblick auf den geistigen Gewinn seines Erdenlebens zu ziehen und zu bestimmen, welches Karma er im nächsten Leben ausgleichen muss.

Einzig und allein auf diese Weise wird es uns in der geistigen Welt möglich, unsere irdischen Erfahrungen hinter uns zu lassen. Es dürfte deutlich geworden sein, dass man schneller durch die Astralwelt gelangt, wenn man auf Erden schon zu einer gewissen Einsicht gekommen ist und die eigenen Erfahrungen im Einzelfall bereits teilweise verarbeitet hat. Das ist natürlich nicht selbstverständlich.

Viele Menschen verdrängen heutzutage ja ihre tieferen Gefühle und Emotionen. Doch was verdrängt wird, spukt im Verborgenen weiterhin in unserer Seele herum und hat meist negative Auswirkungen auf uns. Es macht uns hart, verbittert oder zynisch. Das ist die Ursache dafür, weshalb in der heutigen Zeit so viele Menschen enttäuscht, intolerant, voller Vorurteile und aggressiv sind. Unverarbeitete Erfahrungen haben folglich negative Auswirkungen auf unser Leben. Doch darüber hinaus ist es auch so, dass all das, was wir verdrängt haben, eine Belastung ist, die in der geistigen Welt betäubend wirkt und unser Vorankommen erschwert.

Dies alles zeigt, wie wichtig es ist, während unseres Lebens auf Erden stets unsere Emotionen, Ängste, Enttäuschungen und alle anderen finsteren Erfahrungen zu verarbeiten, so dass die Last, die wir in die geistige Welt mitnehmen, nicht zu schwer und zu groß wird.

Die Reise durch die Astralwelt ist ein Reinigungsprozess

Die Reise durch die Astralwelt bedeutet auch eine „Läuterung" oder „Reinigung". Alles, was an Unsauberem, Düsterem oder vielleicht sogar Bösartigem im Herzen des Verstorbenen sitzt, all seine dunklen Charakterzüge, seine Triebe, sein Mangel an Aufmerksamkeit gegenüber seinen Mitmenschen und sein Egoismus – all diese Dinge müssen Stück für Stück ans Licht kommen. Darüber hinaus muss er die Bindung an diese Art von Leben und diese Neigungen überwinden, so dass er all die negativen Aspekte ablegen kann, bevor er direkt nach dem Verlassen der Astralwelt die höhere Welt, das „Devachan", betritt. Es ist erforderlich, alle diese dunklen Erfahrungen abzulegen, weil das darin enthaltene Dunkle oder Negative die Vollkommenheit der höheren geistigen

Welt anfechten will. Würde er das Dunkle ins Devachan mitnehmen, würde er diese Welt der reinen Liebe verschmutzen und in jener Welt zu einem „Umweltproblem“ werden.

Zur Reise durch die Astralwelt gehört also auch eine Reinigung. Gerade wegen dieses Aspekts der Reise durch die Astralwelt sprach Dante über den Läuterungsberg, und die römisch-katholische Kirche predigt von der Läuterung im Fegefeuer.

Innen wird außen, außen wird innen

Der Verstorbene wird auf seiner Reise durch die Astralwelten mehr und mehr zu einem *Reisenden* durch die geistigen Welten, auf dem Weg zu einem hehren Ziel. Er beginnt, danach zu streben, ein reines geistiges Wesen zu werden, in dem allein die Liebe lebt. Nur dann kann er ja als ein Wesen reiner Liebe in die höhere geistige Welt, das Devachan, eintreten. Daher bezeichne ich den Verstorbenen ab diesem Moment lieber als einen „Reisenden“: Nicht die Tatsache, dass er durch den Tod gegangen ist, ist nun für ihn ausschlaggebend, sondern die Tatsache, dass er auf dem Weg zum Devachan ist.

Während seiner Reise durch die geistigen Welten erhält er nochmals einen Rückblick auf sein soeben abgeschlossenes Erdenleben. Doch bei diesem zweiten Rückblick in der Astralwelt – wir haben bereits weiter oben festgestellt, dass der erste Rückblick in der ätherischen Welt stattgefunden hat – geschieht etwas ganz Besonderes. Der Verstorbene merkt nämlich, dass alle Wünsche und Verlangen, alle Gefühle und Stimmungen, die er Zeit seines Erdenlebens in seinem Inneren, unsichtbar für die anderen, mit sich herumtrug, nun in großen Bildern um ihn herum im Äußeren erscheinen – für jeden sichtbar. *Das Innen wird zum Außen.* Seine liebevollen Wünsche und Sehnsüchte umgeben ihn wie strahlende Lichtgebilde. Seine dunklen, verworrenen Gefühle umringen ihn wie Karikaturen, wie düstere, verzerrte Bilder – und zwar wie Bilder, die lebendig sind und sich ständig bewegen. Für den Reisenden ist es eine schockierende Erfahrung, dass alles, was so persönlich, so privat und intim war, ihn nun in solch lebendigen Bildern umgibt.

Das hingegen, was sich die ganze Zeit über im Äußeren befand – die Gefühle seiner Mitmenschen – erfährt er nun in seinem Inneren – und zwar so, als wären es seine eigenen Gefühle: *Das Äußere wird zum Inneren.* Es ist bestimmt auch eine tiefgreifende Erfahrung für den Reisenden, dass bei ihm im wahrsten Sinne des Wortes das *Innerste nach außen gekehrt* wird. Man denke beispielsweise an einen Handschuh, der beim Ausziehen umgestülpt wird, so dass sein Innerstes nach außen gekehrt wird, oder an ein Sakko, bei dem das Innerste nach außen gewendet wird, so dass man nur noch das Futter sieht. Diese Umkehrung wird in der Literatur auch „Umstülpung" genannt.

Die Folgen dieser Umstülpung sind gewaltig. Angesichts der Bilder seines vergangenen Lebens, die nun an dem Reisenden vorüberziehen, spürt er in seinem Inneren bis ins kleinste Detail, was die anderen damals fühlten, als das geschah, denn die anderen leben ja nun in seinem Inneren. Was er selbst jedoch seinerzeit fühlte, umgibt ihn nun in Bildern – er spürt es bei diesem Rückblick selbst nicht. Das bedeutet, dass der Reisende nun zu erfahren beginnt, was seine Mitmenschen auf Erden wirklich mit ihm erlebt hatten. Er spürt den Schmerz, den er ihnen angetan hatte, als wäre es sein persönlicher Schmerz, und die Freude, die er ihnen schenkte, als tiefe Freude in ihm selbst.

Durch diese Umkehr wird es möglich, dass der Reisende direkt zur Einsicht gelangt und zu erkennen beginnt, was er in seinem Erdenleben für die anderen bedeutet hat – zum Guten oder zum Schlechten.

Der Schrei nach Vergebung

So wird der Reisende in der Astralwelt fortwährend damit konfrontiert, was er während seines Erdenlebens für andere bedeutet hat. Er erlebt sein Leben durch die Augen und Herzen seiner Mitmenschen, die von jenem Leben betroffen waren. [30] Dabei erlebt er nicht nur die Freude, die er den anderen geschenkt, sondern auch den Schmerz, den er anderen zugefügt hat.

Indem er den Schmerz jedoch unablässig erlebt, den andere durch sein Handeln verspürten, steigt über kurz oder lang in ihm das Bedürfnis nach Vergebung auf. Wie oft kommt es vor, dass wir hier auf Erden andere verletzen, ohne dass wir uns dessen überhaupt bewusst sind. Wie oft treffen wir die empfindlichste Stelle im Herzen des anderen, ohne dass wir das selbst merken. Doch nun beginnt der Reisende, dies alles zu erkennen und sich bewusst zu werden, weil er nun selbst die Gefühle erlebt, die er damals im Herzen des anderen verursachte. Diese Konfrontation mit den Gefühlen, die er im Herzen des anderen hinterließ, bringt ihn dazu, den Betreffenden nachträglich noch um Vergebung zu bitten.

Aus irdischer Sicht kann es manchmal Jahre dauern, bevor dieses Verlangen nach Vergebung im Herzen des Reisenden aufflammt. Wir Menschen besitzen oft einen solch dicken Panzer um unser Herz und sind so verhärtet, dass wir erst an uns selbst und an unserer eigenen Finsternis sterben müssen, bevor der Schrei nach Vergebung in unserem Herzen wach wird. Folglich muss manch ein Reisender erst erneut, aber nun geistig, an der eigenen Finsternis sterben, bevor der Schrei nach Vergebung in seinem Herzen auflebt.

Der Hinterbliebene, der sein eigenes Gefühlsleben für feistoffliche Kräfte geschult hat, kann wahrnehmen, kann hautnah miterleben, wann dieser Ruf nach Vergebung im Herzen des Verstorbenen erweckt wird. Dieses Verlangen des Verstorbenen ruft nämlich im Herzen des Hinterbliebenen ganz direkt all die Erinnerungen wach, um deren Vergebung der Verstorbene nun bittet. Es ist, als hätte er diese mit seiner Bitte um Vergebung wieder aktiviert und zum Leben erweckt. Dabei geht es beinahe immer um Erinnerungen, die der Hinterbliebene (teilweise) verdrängt hat – weil sie zu schmerzhaft waren. Doch nun, da der Verstorbene um Vergebung ruft und dadurch bestimmte Erinnerungen im Herzen des anderen wachruft, wird dieser auch selbst wieder diesen Prozess durchlaufen müssen. Folglich wird nun auch er vor die Aufgabe gestellt, sich des alten Schmerzes, den der Verstorbene ihm einst angetan hatte, bewusst zu werden und diesen im Nachhinein nochmals zu durchleben. Denn erst wenn auch er selbst diese früheren so schmerzhaften Erlebnisse erneut durchlebt und losgelassen hat, kann er auf den Ruf des Verstorbenen antworten und zur Vergebung finden.

6.

DER AUFENTHALT IN DER ASTRALWELT

Wie lange bleiben wir in der Astralwelt?

In der traditionellen Lehre des esoterischen Christentums wird berichtet, dass der Verstorbene (oder derjenige, der durch die geistige Welt reist) im Allgemeinen eine recht lange Zeit in der Astralwelt zubringt. Seine Reise durch diese Welt dauert ungefähr ein Drittel der Zeit seines letzten Erdenlebens – ebenso lange also, wie er auf der Erde mit Schlafen verbracht hatte. [31] Übrigens hat der Reisende selbst in der Astralwelt keinerlei Begriff von Raum und Zeit, folglich auch nicht von der Zeitspanne, die er in dieser Welt zubringt. [32] Doch aus irdischer Sicht bleibt er eben ungefähr ein Drittel der Jahre seines Erdenlebens dort.

Dabei ist es schon wichtig zu wissen, dass es viele Ausnahmen und Abweichungen von dieser Regel gibt. Man denke beispielsweise an die Menschen, die sich auf Erden bereits in aufrichtiger Selbsterkenntnis geschult haben, weil sie das Erdenleben als einen Weg geistigen Wachstums betrachteten. Sie reisen schneller als diejenigen, die sich stets weigerten, sich selbst zu betrachten. Denken Sie jedoch beispielsweise auch an diejenigen, die so verhärtet wurden, dass sie nicht imstande sind, sich der eigenen Finsternis bewusst zu werden. Sie können nicht weiterreisen und infolgedessen auch nicht in höhere Welten aufsteigen, bevor sie nicht zur Selbsterkenntnis gekommen sind. Und das kann manchmal lange dauern. Außerdem gibt es auch Menschen, die aus der Astralwelt heraus erneut inkarnieren, weil sie nicht bereit oder imstande sind, zu einer echten Selbsterkenntnis zu kommen und erst wieder neue Erdenlektionen lernen müssen, bevor sie weiter in höhere Welten aufsteigen können. [33]

Insbesondere Kinder, die jung sterben, kehren umgehend in die geistige Welt zurück. Kinder nehmen erst ab dem siebten Lebensjahr ihren Ätherleib in Besitz, ihren Astralkörper erst ab dem vierzehnten Lebensjahr. Das bedeutet, dass Kinder, die vor ihrem siebten Lebensjahr sterben, sofort durch die ätherische Welt und die Astralwelt reisen und in kürzester Zeit in die Lichtwelt oder das Devachan eintreten. Sie haben ja noch nichts, was sie in der ätherischen Welt und der Astralwelt suchen, aufarbeiten und ablegen müssten. Nicht umsonst wird die Totenmesse für ein Kind, das vor dem siebten Lebensjahr stirbt und getauft ist, in der traditionellen römisch-katholischen Lehre „Engelsmesse" genannt. Bei diesem Begriff klingt noch das alte Wissen durch, dass Kinder gleichsam sofort zum Engel oder einem vollkommen reinen geistigen Wesen werden, das im Devachan leben darf.

Jede Nacht beurteilt uns unser höheres Ich

Die Tatsache, dass es in der traditionellen Lehre des esoterischen Christentums heißt, dass wir ein Drittel unseres

Erdenlebens in der Astralwelt verbringen, hängt auch mit unseren nächtlichen Erlebnissen auf Erden zusammen. Jede Nacht treten unser Astralleib und unser Ich aus unserem Körper aus, der schlafend im Bett zurückbleibt. Unser physischer Leib und unser Ätherleib bleiben im Bett liegen. Unser Ich hingegen geht jede Nacht in der geistigen Welt auf Reisen und hüllt sich dabei in den Astralleib. [34]

Beim nächtlichen Verlassen des Körpers blickt unser höheres Ich auf den vergangenen Tag zurück. Das tut es aus der höheren Bewusstseinskraft heraus, über die es verfügt. Bei diesem Rückblick kommt unser höheres Selbst zu dem Schluss, dass manche Taten, Worte und Gedanken des vergangenen Tages sinnvoll und liebevoll waren, andere hingegen jedoch nicht. Indem unser höheres Ich eine Erinnerung an die Bewusstwerdung dessen in unserer Seele niederlegt, was nicht richtig und liebevoll war, hofft es, dass wir bei unserer Rückkehr in unseren Körper und somit beim Erwachen die vollkommene Inspiration empfangen, um diese Fehler nicht mehr zu begehen. Indem es die Freude über die Liebe, die wir geben durften, verstärkt, hofft unser höheres Ich auch, unsere Liebeskraft direkt zu verstärken, so dass wir am nächsten Tag über eine noch stärkere Liebeskraft verfügen. Der Ausspruch „Da muss ich noch eine Nacht darüber schlafen" zeigt, dass die Möglichkeit, nachts eine Inspiration zu erhalten, von alters her zu unserem Volkswissen zählt. [35]

Leider ist die Kraft unseres höheren Ichs tagsüber meist stark gedämpft, weil es sich dann durch drei Hüllen (den physischen Körper, den Ätherleib und den Astralleib) hindurcharbeiten muss, um zum Bewusstsein durchzudringen – und das gelingt oft nicht. Folglich werden uns die Erinnerungen an die nächtliche Erkenntnis unseres höheren Ichs beinahe niemals bewusst.

Doch nun, im Leben nach dem Tod, und zwar beim Rückblick, den der Verstorbene in der Astralwelt durchlebt, wird ihm gezeigt, wie sein höheres Ich ihn jede Nacht beurteilt, und welche Inspirationen sein Ich ihm jede Nacht für den neuen Tag mitgegeben hat. Durch diesen Rückblick wird ihm verdeutlicht, was er mit diesen Inspirationen gemacht hat, und ob sie bis in sein Bewusstsein durchdringen konnten oder nicht. Oft werden wir dabei erkennen, wie wir den Impulsen unseres höheren Ichs unbewusst irgendwie doch Gehör geschenkt hatten – ohne uns dessen bewusst gewesen zu sein. Doch wir werden auch erkennen, dass wir in anderen Fällen gar nicht auf die Impulse unseres höheren Ichs reagiert haben.

Die Tatsache, dass wir ein Drittel unseres Erdenlebens in der Astralwelt verbringen, bedeutet also, dass wir die Zeit, die wir auf Erden mit Schlafen und folglich in der geistigen Welt verbrachten, nun wieder neu durchleben, jetzt jedoch im vollen Bewusstsein darüber, was wir damals erlebt, gesehen und erkannt hatten. Mehr als alles andere führt diese nächtliche Beurteilung zu der Erkenntnis, wer wir denn wirklich waren und was wir für unsere Mitmenschen bedeutet haben.

Kein Urteil, sondern Selbsterkenntnis

In der traditionellen kirchlichen Lehre haben viele gelehrt, dass nach dem Tod über uns geurteilt wird – und viele betrachten das aufgrund des vielen Unrechts, das wir auf Erden begangen haben, als eine *Ver*urteilung. Auch wenn die Kirchen im geistigen Leben vieler Menschen immer weniger eine Rolle spielen, ist die Vorstellung eines Urteils, das uns nach dem Tod erwartet, tief in unsere Kultur eingedrungen und bei vielen offensichtlich auch noch immer lebendig.

Im esoterischen Christentum wird dagegen Wert darauf gelegt, dass wir unser Erdenleben selbst beurteilen und die Schlussfolgerungen darüber ziehen müssen, was uns selbst und unseren Mitmenschen gegenüber richtig und sinnvoll und was hingegen lieblos war. Das griechische Verb *krinein*, das in der Bibel vorkommt und meist mit dem Wort „urteilen" übersetzt wird, bedeutet wörtlich „unterscheiden" oder „eine Unterscheidung zwischen Gut und Böse machen, um dadurch zur Erkenntnis zu kommen" – und genau das ist es, was der Verstorbene bei diesem zweiten Rückblick tut! Es geht bei dem griechischen Wort *krinein* also gar nicht um ein Urteil, das über uns gesprochen wird, sondern darum, Selbsterkenntnis zu erlangen.

Der Wunsch nach einer neuen Inkarnation

Im vorangegangenen Kapitel stellten wir fest, dass der Reisende nach seinem Tod in der Astralwelt beginnt, um Vergebung zu bitten, eben weil er nun allmählich zur Einsicht gelangt und langsam erkennt, was er seinen Mitmenschen angetan hat. Doch jetzt erwacht noch ein weiterer Wunsch. Weil hier, in der Astralwelt, nichts mehr ungeschehen und wiedergutgemacht werden kann, entsteht in ihm ein tiefes Verlangen nach einer neuen Inkarnation, um in diesem neuen Leben auf Erden das Böse, was er anderen angetan hat, ausgleichen zu dürfen, indem er diesem etwas Gutes gegenüberstellt. Dieser tiefe Wunsch nach einer neuen Inkarnation begleitet den Reisenden auf seiner gesamten weiteren Reise durch die geistigen Welten als eine Art Grundgefühl. Eben dieser Wunsch bringt ihn später dazu, sich voller Freude auf ein neues Erdenleben vorzubereiten.

Bei meinen Vorträgen über Karma und Reinkarnation wird mir oft die Frage gestellt, warum wir eigentlich zur Erde zurückkehren, um neu zu inkarnieren. Diese Frage ist an sich ganz verständlich, weil das Leben gerade in der jetzigen Zeit für viele nicht leicht ist. Warum dann trotzdem auf ein neues Leben zurückkehren? Die Antwort liegt in dem tiefen, unerschütterlichen Verlangen unserer Seele, die Chance bekommen zu dürfen, das Unrecht, das wir unseren Mitmenschen angetan haben, wiedergutzumachen. Wenn man so intensiv und so lange mit den Folgen konfrontiert wird, welche die eigenen Taten, Worte und Gedanken für andere bedeutet haben, wie dies in der Astralwelt erfolgt, kann man gar nicht anders handeln – und dieser tiefe Wunsch wird in unserer Seele geweckt.

In der Astralwelt lernt der Reisende, dass er nicht einem egoistischen Verlangen nachgeben darf, sondern dem, was die Liebe ihn lehrt. Sein von Bequemlichkeit beherrschter Egoismus möchte lieber keine neue Inkarnation auf Erden, doch seine Liebe hungert danach, weil sie dann die Möglichkeit erhält, anderen ihre heilenden und aufbauenden Kräfte zu schenken.

Das Verlangen nach einer Zigarette

Das Fegefeuer ist in der traditionellen römisch-katholischen Lehre der Ort, an dem die Seelen der Verstorbenen für ihre Sünden büßen müssen. Diese Läuterung vollzieht sich, so heißt es, in einem „lodernden Feuer", das die Seele läutert und reinigt. Leider wird dieses Bild – denn es ist wirklich ein Bild – wörtlich genommen, als müsse der Verstorbene eine Zeit lang in einem lodernden Feuer brennen, bevor er von seinen Sünden erlöst wird. Das Bild stimmt, die wörtliche Interpretation jedoch nicht. Was bedeutet dieses Bild denn in Wahrheit? Woher kommt es?

Der Verstorbene verspürt in der Astralwelt die verschiedensten Impulse und Wünsche, die noch aus seinem Erdenleben stammen – beispielsweise das Verlangen nach einer Zigarette. Jemand, der jahrelang geraucht hat, ist süchtig geworden. Wenn er eine Weile nicht geraucht hat, entwickelt er wieder das Verlangen nach einer Zigarette. Woher kommt dieses Bedürfnis?

Vor allem kommt es von seinem physischen Körper, der sich an eine regelmäßige Befriedigung seines Bedürfnisses nach Nikotin gewöhnt hat. Doch die Versklavung sitzt noch tiefer: Sie befindet sich als Abdruck in seinem Astralkörper. Regelmäßig wiederholte Handlungen hinterlassen auch eine tiefe Spur in unserem Astralleib. Nun ist es so, dass das Verlangen des Astralkörpers nach einer bestimmten Befriedigung noch schwerer zu überwinden ist als das Verlangen unseres physischen Körpers, beispielsweise das Verlangen nach Nikotin. Der Verstorbene wird nach seinem Tod nicht mehr mit dem Verlangen seines physischen Körpers konfrontiert –

dieser ist ihm ja entglitten. Er bekommt es vielmehr mit den Bedürfnissen seines Astralkörpers zu tun. Folglich muss er jetzt diesbezüglich „eine Entziehungskur machen“, wenn er das auf Erden noch nicht getan hatte.

Manche hellsichtige Menschen nehmen Verstorbene wahr, die hier versuchen, auf Erden einem Raucher eine brennende Zigarette wegzuschnappen. Ein Versuch, der natürlich von Vornherein zum Scheitern verurteilt ist, weil der Verstorbene mit seinen geistigen (nicht-körperlichen) Händen keine Zigarette anfassen kann: Seine Hände gleiten nur durch die Zigarette hindurch. Der Hellsichtige kann auch wahrnehmen, wie es der süchtige Verstorbene immer wieder probiert. Je öfter er seine Versuche, sich eine Zigarette zu schnappen, wiederholt, desto ungestümer wird sein Verhalten. Dieses Beispiel zeigt, wie groß der Hunger nach Befriedigung eines tief im Astralkörper verwurzelten Verlangens ist.

Ein Gefühl von Hitze und ein Gefühl von Kälte

Der Reisende wird in der Astralwelt folglich mit den verschiedensten Süchten und irdischen Verlangen konfrontiert, die er nun freilich überwinden muss, weil eine Befriedigung nicht mehr möglich ist. Man denke an Alkohol, Kaffee und andere Genussmittel. Man denke aber beispielsweise auch an das Verlangen nach Sex, das für manche beinahe zur Besessenheit geworden ist. Man denke außerdem auch an den Wunsch nach einem schnellen Auto, nach einem Handy, einem Computer und anderem.

Die Tatsache, dass der Reisende nun ohne die Befriedigung all dieser Bedürfnisse auskommen muss, erzeugt bei ihm einerseits ein Gefühl von Wärme oder Hitze, andererseits jedoch auch ein Gefühl von Kälte. Dieses Gefühl von Wärme oder Hitze entsteht durch das brennende unerfüllte Verlangen nach etwas – viele kennen das „brennende" Verlangen nach einer Zigarette. Das Gefühl von Kälte entsteht durch das Wissen, dass man hier, in dieser Welt, nicht einfach tun kann, was man will, weil man ja nun einmal keinen physischen Körper mehr hat und nicht mehr am Erdenleben teilnimmt.

Das Gefühl von Wärme oder Hitze – und folglich das Empfinden eines unerfüllten Verlangens – das jeder Verstorbene in mehr oder minder großem Ausmaß durchlebt, wird in der katholischen Lehre im Bild des Fegefeuers zum Ausdruck gebracht.[36] Die Astralwelt ist folglich auch die Welt, in der der Verstorbene alle seine Süchte überwinden und loslassen muss, bevor er in höhere Welten aufsteigen kann.

7.

DIE REISE DURCH DIE ERSTE MONDENSPHÄRE

Die Astralwelten und die Welten des Devachan

Die Astralwelt besteht aus sieben Sphären, die den Reisenden durch verschiedene Planetensphären wandern lässt. Die Reise beginnt bei den vier Mondensphären: Die astrale Mondwelt kennt nämlich vier aufeinanderfolgende Sphären. Wenn der Reisende einmal so weit ist, dass er diese vier Mondwelten hinter sich lassen darf, tritt er in die höheren Astralwelten ein. Dabei führt ihn seine Reise durch drei weitere Planetensphären. Auch die ersten drei Welten des Devachan, die darauf folgen, sind alle mit einer Planetensphäre verbunden.

Nach den vier Mondensphären durchläuft der Reisende hintereinander folgende Sphären:

- Die Merkursphäre (oder die fünfte Astralwelt)
- Die Venussphäre (oder die sechste Astralwelt)
- Die Sonnensphäre (oder die siebte Astralwelt)

In der Sphäre dieses letzten Planeten, der Sonne, vollzieht er den Übergang von der Astralwelt ins Devachan, in die Lichtwelt. Im Devachan reist er durch folgende Sphären:

- Die Marssphäre (oder die erste Welt des Devachan)
- Die Jupitersphäre (oder die zweite Welt des Devachan) und
- Die Saturnsphäre (oder die dritte Welt des Devachan)

Danach folgen die vier Welten jenseits der Planeten: Die vierte, fünfte, sechste und siebte Welt des Devachan.

Die vier Mondensphären

Die Astralwelt besteht also aus sieben Sphären – aus sieben aufeinanderfolgenden Gebieten (im wörtlichen oder übertragenen Sinne), in welchen der Reisende Schritt für Schritt gereinigt und umgewandelt wird. Doch diese Sphären sind nicht nur mit einem Planeten verbunden (wie wir bereits weiter oben festgestellt haben), sie tragen alle auch ihren eigenen Namen, der für das, was der Reisende auf diesem Gebiet erlebt, bezeichnend ist. So werden die ersten vier Sphären – die Mondensphären – folgendermaßen bezeichnet:

1) Das Gebiet der Begierdeglut
2) Das Gebiet der ständigen Empfänglichkeit für Reize
3) Das Gebiet der Wünsche
4) Das Gebiet der Lust und Unlust [37]

Weit weg und ganz nah

Die Astralwelt ist eine Welt, in der unsere irdischen Gesetze nicht gelten. Auch nicht die Gesetze von Distanz und Raum. Wenn man hier auf Erden beispielsweise einen Weg entlangläuft, der beiderseits von Bäumen gesäumt ist, dann scheint es so, als würden die Bäume, die weiter weg stehen, immer kleiner werden. Außerdem scheint es so, als würde der Abstand zwischen den Bäumen, die weiter weg stehen, ebenfalls immer kleiner werden, auch wenn der Abstand zwischen den Bäumen in Wirklichkeit gleich groß bleibt. Hier auf Erden bestimmt folglich der Abstand, den wir zu den Dingen einnehmen, ob diese kleiner oder größer erscheinen.

In der Astralwelt funktioniert das anders. Dort ist derjenige Gegenstand oder diejenige Person, mit der wir jeweils eine starke geistige Verbindung in Liebe haben, ganz in der Nähe. Je schwächer jedoch die Liebe ist, die uns mit jemandem verbindet, desto weiter weg scheint der Betreffende zu stehen. [38]

Auf der Erde ist der räumliche Abstand ausschlaggebend für unsere Wahrnehmung. In der Astralwelt ist es das geistige Band, das wir mit Menschen, geistigen Wesen und (lebendigen) Dingen haben – oder auch nicht haben.

Wer auf Erden Blumen geliebt hat, wird hier von einem Blumenmeer umringt. Wer Tiere geliebt hat, lebt jetzt inmitten von Tieren, die seine Nähe suchen und von ihm gestreichelt werden möchten. Wer jedoch – um ein anderes Beispiel zu wählen – eine bestimmte Kirchengemeinschaft geliebt hat, wird dann von den Anhängern dieser Kirche in Gestalt von lebendigen, sich bewegenden Wesen, von Ritualen und von der Aura dieser Kirche umgeben sein. Jemand, mit dem man jedoch keinerlei innere Verbindung spürte, steht in nahezu unsichtbarer Ferne. Das bedeutet, dass Menschen in der Astralwelt völlig verschiedene Dinge erleben können, abhängig von der Frage, was oder wem sie auf Erden ihre innere Liebe und Andacht zugewandt hatten.

Dasselbe gilt für die Menschen, die wir auf Erden liebten: Sie stehen nun ganz in unserer Nähe. Doch die Menschen, mit welchen wir auf Erden nicht in Liebe verbunden waren, stehen weit weg und spielen für uns folglich kaum eine Rolle in der Astralwelt. So sehen wir, dass die Liebe ausschlaggebend ist für das, was man in der Astralwelt erlebt. [39]

Das Gesetz von Anziehung und Abstoßung oder von Sympathie und Antipathie

In den vier Mondensphären gelten die Gesetze von Sympathie und Antipathie. Was bedeutet das? Bei Sympathie geht es um Gefühle von Wärme, wie Liebe und Zuneigung für den anderen. Bei Antipathie geht es um kühle Gefühle, wie Abneigung und Gleichgültigkeit gegenüber anderen. Diese Gefühle haben sich als richtungsweisend für die Erfahrungen erwiesen, die der Reisende in den Mondensphären macht. Die Gefühle von Sympathie bewirken, dass man jemanden, den man sympathisch findet, automatisch auch anzieht. Sympathie ist folglich eine geistige Anziehungskraft. Antipathie hingegen stößt Menschen oder Dinge ab, an welchen man kein Interesse oder gegen die man eine Abneigung verspürt. Antipathie ist somit eine geistige Kraft der Abstoßung. Ganz automatisch geschieht Folgendes: *Was der Reisende ablehnt, erscheint weit weg. Was ihm sympathisch ist, kommt wie von selbst auf ihn zu.*

Hier auf Erden verstehen wir es meist gut, unsere Gefühle von Antipathie zu verbergen. Das tun wir viel öfter, als uns bewusst ist. In diesem Fall gelingt es uns, mit jemandem, den wir eigentlich ablehnen, einen so genannten „freundlichen Umgang" zu pflegen – wir verbergen dann unsere negativen Gefühle. Doch in der Astralwelt ist das nicht mehr möglich. Dort stehen unsere Gefühle von Sympathie und Antipathie als lebendige, bewegte Wesen um uns herum, unverhüllt und für jeden sichtbar – und dort wirken sie direkt als anziehende oder abstoßende Kräfte.

Wenn wir also auf Erden vor allem auf uns selbst fixiert waren und keine echte Sympathie (also keine echte Liebe und kein Einfühlungsvermögen) für unsere Mitmenschen entwickelt haben, dann stoßen wir in der Astralwelt andere von uns ab. Tragen wir in unserer Seele viel Antipathie oder Gleichgültigkeit und herrschen diese Gefühle vor, dann werden wir in der Astralwelt ganz einsam sein – weil wir jeden von uns abstoßen.

Haben wir hingegen unseren Mitmenschen auf Erden wahrhaftige Liebe entgegengebracht und gelernt, uns in den anderen hineinzuversetzen, dann haben wir dadurch Gefühle von Sympathie in uns entwickelt. Eben diese Gefühle von Sympathie bewirken, dass die anderen in der Astralwelt auf uns zukommen oder wir sie anziehen. Dadurch sind wir nicht allein, sondern fühlen uns vielmehr richtig intensiv mit vielen anderen Menschen verbunden. So wird schon gleich zu Beginn unserer Reise durch die Astralwelten deutlich, wie wir auf Erden gelebt haben und wie wir mit anderen und mit uns selbst auf Erden umgegangen sind.

Das Gebiet der Begierdeglut

Die erste der vier Mondensphären, das „Gebiet der Begierdeglut“, ist ein dunkles, düsteres Reich. Diejenigen, die sich dort aufhalten, leben in völliger Einsamkeit.

Die meisten Reisenden, die nach ihrem Tod in die Mondwelt eintreten, verbringen in diesem Gebiet überhaupt keine Zeit, sondern reisen gleich weiter in höhere Regionen. Das rührt daher, weil sie mehr Sympathie kennen (und damit mehr Liebeskraft auf Erden erworben haben) als Antipathie. In dieser Welt herrscht die Kälte der Antipathie vor, und es ist keine Spur von Sympathie zu finden.

Das bedeutet, dass alle diejenigen, in deren Seele ausschließlich Gefühle von Antipathie leben – und folglich Gefühle von Lieblosigkeit, Abneigung oder Gleichgültigkeit – eine kürzere oder längere Zeitspanne in dieser Region verbringen müssen, weil ihre Seele mit dieser Sphäre verbunden ist.

Doch wie kommt es nun eigentlich, dass es Menschen gibt, die nach ihrem Tod entdecken müssen, dass in ihrer Seele die Antipathie vorherrscht? Menschen, die infolgedessen eine gewisse Zeit in dieser Sphäre zubringen müssen? Es kommt daher, weil sie während ihres Erdenlebens vor allem auf sich selbst und die Befriedigung ihrer eigenen Bedürfnisse fixiert waren. Egoismus, Habsucht und Machtstreben beherrschten ihr Leben. Folglich nehmen sie kaum oder gar kein Gefühl von aufrichtiger Sympathie mit in die Astralwelt, sondern werden vorrangig von kalten, lieblosen Gefühlen beherrscht.

Um es noch deutlicher zusagen: Es handelt sich hier um Menschen, die während ihres irdischen Lebens auf die Befriedigung ihrer niederen sinnlichen Triebe fixiert waren und davon voll und ganz beherrscht wurden. Es geht beispielsweise um einen lieblosen, rein körperlich ausgerichteten Sexualtrieb, durch einen Hang zu Sadismus oder Masochismus, durch eine nahezu unerschöpfliche Gier nach Macht, durch ungezügelte Habsucht oder durch andere perverse Entgleisungen des Gefühlslebens. Eben diese niederen Triebe können von einem Menschen so stark Besitz ergreifen, dass in seiner Seele nur noch Antipathie und Gleichgültigkeit für die anderen übrig bleiben.

Wie wir festgestellt haben, wird in dieser Region jeder aufgrund jener Gefühle von Antipathie von Reisenden, die sich dort aufhalten, abgestoßen. Weil er keinerlei Gefühl von Sympathie kennt, wird auch nichts oder niemand von ihm angezogen. So entsteht die schaurige – von ihm selbst verursachte – Einsamkeit, die der Reisende durchlebt, der einige Zeit in dieser Region zubringen muss.

Finsternis, ein unstillbares Verlangen und die erforderliche Läuterung

In dieser Welt ist es vollkommen dunkel, weil dort niemand Licht ausstrahlt: Antipathie strahlt Finsternis aus, während von der Sympathie Licht ausgeht.

Eine solche Behauptung – in der Tat handelt es sich hier

um eines der Gesetze der geistigen Welt – klingt natürlich beeindruckend, doch was müssen wir uns eigentlich darunter vorstellen? In der geistigen Welt scheint keine Sonne, wie es auf der Erde der Fall ist. Das Licht kommt dort nämlich nicht von außen, sondern von innen.

Das Licht strahlt aus den Herzen der Wesen, die an diesem Ort wohnen – und wenn diese kein Licht ausstrahlen, ist es folglich dunkel, vollkommen dunkel.

Doch wie entsteht das Licht in unserem Herzen? Es entsteht durch unsere Liebeskraft. In der geistigen Welt ist die Liebe nämlich ein strahlendes Licht – Liebe ist Licht. Wer die Liebe kennt, strahlt Licht aus, und wer keine Liebe kennt, strahlt kein Licht aus. Folglich ist es in dieser Welt so vollkommen dunkel, weil die Bewohner jener Welt keine Liebe kennen und infolgedessen auch kein Licht aus ihrem Herzen ausstrahlen.

Außerdem kommt der Reisende, der eine gewisse Zeit in dieser Region verbringen muss, zu der Erkenntnis, dass seine Triebe unstillbar sind: Alles und jeder, an dem er seine Triebe gern ausleben würde, weicht durch die Antipathie, die von ihm ausgeht, vor ihm zurück. Niemals gelingt es ihm, seine Triebe zu stillen. Das führt zu einem Gefühl von brennendem Durst. Von diesem brennenden Durst hat diese Region ihren Namen entlehnt – das *Gebiet der Begierdeglut.*

Diejenigen, die sich in dieser Region aufhalten, durchlaufen einen Läuterungsprozess. Allmählich entsteht in ihrer Seele das Bedürfnis, von den Trieben, die sie so quälen, befreit zu werden. Diese verursachen ja einen brennenden Durst und bewirken, dass sie in dieser dunklen Welt verbleiben müssen. Außerdem entdecken sie plötzlich, dass sie sich in dieser Region unter Gleichgesinnten befinden: Jeder, der sich in dieser Welt aufhält, wird von den gleichen lieblosen Gefühlen von Antipathie beherrscht. Durch die Begegnung mit ihnen kommt der Reisende in dieser Region wie in einem Spiegel langsam zur Selbsterkenntnis und beginnt, nach Läuterung und Befreiung zu verlangen.

Es gibt darüber hinaus noch eine weitere Aufgabe, die in dieser Region erfüllt werden muss. Jeder Reisende muss in dieser Region nämlich auch das Bedürfnis nach dem physischen Körper ablegen – beispielsweise das Bedürfnis nach seinen Armen, mit welchen er andere schlagen kann, oder das Verlangen nach seinen Geschlechtsorganen, mit welchen er Orgasmen erleben kann, oder auch das Verlangen nach seinen physischen Augen und Ohren. Er wird hier lernen müssen, dass es andere Möglichkeiten gibt, nämlich die Augen und Ohren der Seele zu entwickeln, durch die er die Möglichkeit erhält, in der geistigen Welt zu sehen und zu hören. Auch muss er beispielsweise erkennen, dass es möglich ist, anstelle eines Orgasmus auch auf geistige Weise Einssein mit einem anderen Menschen zu erleben.

Ein behüteter Übergang

Es dürfte aufgrund dieser Beschreibung deutlich geworden sein, dass dies die Region ist, die in der alten traditionellen Lehre mit dem Wort „Hölle" bezeichnet wurde. Insbesondere die Finsternis und die Einsamkeit dieser Region sind eine wahre Prüfung für diejenigen, die in dieser Region verweilen.

Doch glücklicherweise ist es jedem, der eine Zeit lang in dieser Region bleibt, möglich, zur Erkenntnis zu gelangen, geläutert zu werden und in höhere Welten aufzusteigen.

Jeder, der mehr Liebe als Gleichgültigkeit und/oder Ablehnung kennt, wird diese Region schnell durchschreiten, um in höhere, lichtere Welten aufzusteigen. Menschen, die ein Nahtod-Erlebnis hatten, berichten, dass sie dabei in rasendem Tempo durch einen dunklen Tunnel gingen und am Ende dieses Tunnels von einer Lichtgestalt erwartet wurden. Dieser Gang durch den dunklen Tunnel ist der behütete Übergang durch die dunklen Mondensphären. Denselben behüteten Übergang wird auch der Reisende erfahren, der auf Erden gelernt hat zu lieben.

8.

DIE REISE DURCH DIE ZWEITE UND DRITTE MONDENSPHÄRE

Die zweite Mondensphäre

Die zweite Mondensphäre heißt „Gebiet der ständigen Empfänglichkeit für Reize". In dieser Region halten die Sympathie und die Antipathie derjenigen, die hier eine Zeit lang verweilen, einander die Waage. Es ist hier zwar nicht so dunkel und einsam, wie es die Bewohner der ersten Mondensphäre erleben, die vor allen Antipathie kennen und kaum Sympathie, doch es ist auch in dieser Region noch dunkel; denn bei der Sympathie wie auch bei der Antipathie geht es um oberflächliche Gefühle, die keinerlei Tiefgang aufweisen.

Die Menschen, die hier eine Zeit lang verweilen, hatten auf Erden weder eine starke Abneigung gegen andere Menschen noch eine tiefe Zuneigung zu ihnen. Dadurch hatten sie nur flüchtige und oberflächliche Begegnungen. Es geht von ihnen keine wirkliche Anziehungskraft aus, weil ihre Sympathie oberflächlich ist. Doch es geht von ihnen auch keine echte Abstoßung aus, weil ihre Antipathie keine fanatische Kraft besitzt.

Daher heißt dieser Bereich „Gebiet der ständigen Empfänglichkeit für Reize", weil die Bewohner dieser Region zu keinem einzigen Menschen oder Gegenstand eine tiefere Verbindung bekommen. Sie sind offen und daher empfänglich für viele Begegnungen und Eindrücke, doch nichts bleibt haften, und nichts und niemand berührt sie wirklich. Das hat zwei Folgen:

- Diejenigen, die sich dort aufhalten, sind im Grunde einsam, denn sie sind mit niemandem wirklich tief und intensiv verbunden. Doch es ist keine Einsamkeit im Sinne totaler Verlassenheit, wie sie die Reisenden in der Begierdewelt erfahren. Es ist vielmehr eine geistige Einsamkeit.
- Außerdem ist es in dieser Region nicht vollkommen dunkel, weil von den Reisenden, die sich dort aufhalten, ein trüber, zwielichter Schein ausgeht. Sie tragen ja schon eine gewisse Sympathie und damit eine bestimmte Form von Liebe in ihrem Herzen – und Liebe ist die Kraft, die ihr Licht erstrahlen lässt. Doch das Licht, das sie hier ausstrahlen, ist kalt, heruntergedimmt, trübe und zwielichtig, weil die Sympathie oder die Liebe, die in ihnen lebt, keine Kraft hat, oberflächlich ist und nicht tief aus ihrem Inneren kommt.

Die Bewohner dieses Gebietes

Welche Reisenden verbleiben eine gewisse Zeit in dieser Region? Bei welchen Menschen haben diese beiden Kräfte von Sympathie und Antipathie durch ihre irdischen Erfahrungen so wenig Tiefgang erhalten?

Es geht hier um die Menschen, die auf Erden ein oberflächliches Leben geführt haben. Sie haben ihr Leben mit unbedeutenden oder nichtssagenden Beschäftigungen verbracht und bei ihren Begegnungen mit anderen Menschen niemals wirklichen Tiefgang entfaltet, sondern blieben immer oberflächlich. Sie haben niemanden abgrundtief gehasst und standen mit niemandem in einem wirklich tiefgehenden Konflikt. Aber sie haben auch nicht leidenschaftlich geliebt. Es sind die Menschen, die niemals danach gefragt haben, was der andere denn nun wirklich fühlt. Sie hörten nicht zu, was der andere zwischen den Zeilen sagte. Sie schauten nicht hinter die Fassade, um das wirkliche Innenleben im Gegenüber zu erkennen. Dadurch erlangten sie keine Erkenntnisse und wurden nicht zu weisen, gereiften Menschen. [40]

Sie ließen sich auch nicht durch die geistigen Kräfte berühren, die ein Mensch in der Natur erleben kann. Nehmen wir beispielsweise die tiefe Berührtheit, die man erfahren kann, wenn man auf einem hohen Berggipfel steht und die majestätische Bergwelt überblickt. Oder man stelle sich vor, wie man am Strand steht, über das Meer in die Brandung schaut und erlebt, welch tiefen und unvergesslichen Eindruck das sich endlos ausdehnende Meer auf uns macht.

Man kann es auch so formulieren: Es handelt sich um Menschen, die eine Mentalität nach dem Motto – „Genieße den Tag“ praktizierten und sich nur mit flüchtigen Dingen beschäftigten, anstatt sich auf die Suche nach dem Sinn des Lebens und der Aufgabe zu machen, die sie für dieses Leben mit auf den Weg bekommen hatten.

Wie gelangt der Reisende in dieser Region zur Erkenntnis? Der Reisende beginnt, sich langsam seiner geistigen Einsamkeit bewusst zu werden, weil er mit niemandem richtig in Kontakt kommt. Auch wird er sich allmählich des Lichtmangels bewusst, der dort herrscht. Es ist nur Zwielicht, nirgends sieht man ein hell aufstrahlendes Licht. Die Einsamkeit und der Lichtmangel (und folglich der Mangel an echter Liebe) sowie die Kälte, die dieses Licht ausstrahlt, empfindet er allmählich mehr und mehr als Defizit. Dieses Defizit bringt ihn letztendlich zur Erkenntnis.

Außerdem kommt der Reisende auch zur Erkenntnis, indem er seine Mitbewohner betrachtet und sich deren Oberflächlichkeit bewusst wird. Er spürt, dass von ihnen keine echte Liebeskraft ausgeht. Nach einer gewissen Zeit kommt der Augenblick, in dem er sich bewusst wird, dass die anderen ihm einen Spiegel vorhalten, weil er selbst genauso ist. Dann beginnt er zu bereuen, wie viele Möglichkeiten er auf Erden ungenutzt hat verstreichen lassen, um intensivere und weitergehende Kontakte zu knüpfen – und damit zur Erkenntnis zu kommen.

Langsam beginnt die Einsicht zu ihm durchzudringen: „Durch meine Oberflächlichkeit habe ich mich selbst isoliert. Daher erlebe ich mich selbst nun als jemanden, der am Rande der Gemeinschaft steht." Diese Selbsterkenntnis ermöglicht es ihm, in höhere Welten aufzusteigen.

Fehlendes höheres Denken

Es gibt noch eine zweite Aufgabe, die in dieser Region von den Menschen erfüllt werden muss, die diese Pflicht, aus welchen Gründen auch immer, auf Erden nicht ernst genommen hatten. Diese Aufgabe bezieht sich auf das geistige Denken. Weil die Menschen, die hier verweilen, auf der Erde oberflächlich lebten, haben sie auch niemals geistiges Denken entwickelt. Sie haben sich keine Gedanken gemacht, die von ihrem eigenen Herzen ausgehen. Sie haben nicht das entwickelt, was vor dem rational denkenden Verstand verborgen bleibt.

Doch nicht nur Menschen, die oberflächlich lebten, haben kein geistiges Denken entwickelt. Das gilt auch für Menschen, für die nur das Realität war, was sie mit ihren (physischen) Sinnesorganen sehen, hören oder fühlen konnten, und für die alles, was darüber hinausgeht, Unsinn war. Ihr physisches Gehirn und das, was sie damit zu denken imstande waren, waren auf Erden ihr Maßstab. Alles, was ihr Verstand nicht beweisen konnte, war in ihren Augen ein „Hirngespinst".

Nun aber, in der zweiten Mondensphäre, werden sie mit der Tatsache konfrontiert, dass sie keinen Zugriff mehr auf ihr physisches Gehirn und damit auch keine Möglichkeit mehr haben, über dieses Gehirn zu denken. Das ist für sie ein großer, sogar ein dramatischer Verlust. In der Leere, die nun entsteht, müssen sie lernen, sich für alles zu öffnen, was um sie herum existiert. Dann werden sie entdecken, dass es möglich ist, sich der Gedanken bewusst zu werden, die durch die Dinge selbst offenbart werden und aus den Dingen oder Wesen in der geistigen Welt auf sie zukommen. Sie müssen folglich lernen, durch eine liebevolle Wahrnehmung Gedanken aufzufangen. Was auf Erden von innen kam – die Gedanken – kommt in dieser Welt von außen. Nur ein Herz, das bereits auf Erden für das eigene Umfeld offen ist und so

Wissen erwirbt, kann sich in der Mondensphäre leicht an diese andere Art des Denkens anpassen. [41]

Für viele Menschen ist es schwierig, die eigenen Gedanken loszulassen und zu lernen, mit dem Herzen aufzufangen, was von den Dingen und Wesen auf sie zukommt. Es gibt in unserer materialistisch ausgerichteten Zeit ja viele Menschen, für die nur die sichtbare Welt Wirklichkeit ist – Menschen, die jeden Gedanken an eine geistige Welt, an Engel oder an ein Leben nach dem Tod ablehnen, weil unser physisches Gehirn deren Existenz nicht beweisen kann. [42] Sie werden eine Weile im „Gebiet der ständigen Empfänglichkeit für Reize“ bleiben, um sich dort erst einmal für eine höhere Form des Denkens und Wissens zu öffnen, bevor sie weiterziehen können.

Menschen, die diese Sphäre überspringen dürfen

Auch hier gilt, dass die Menschen, die eben nicht oberflächlich gelebt haben, sondern dank der Lektionen, die ihnen das Leben präsentiert hatte, innerlich gewachsen sind, nicht in dieser Sphäre bleiben müssen, ebenso wenig wie die Menschen, die es gelernt haben, mit dem Herzen zu denken. Sie passieren diese Sphäre zügig, um in höhere Welten einzutreten. Es gibt in dieser Sphäre keine Aufgaben, die sie zu erfüllen hätten.

Die dritte Mondensphäre

Die dritte Mondensphäre heißt „Gebiet der Wünsche“. [43] In dieser Region ist die Sympathie (oder die Zuneigung) die vorherrschende Kraft, und der Großteil der Antipathie ist verschwunden. Die Menschen, die hier verweilen, tragen daher auch vor allem Sympathie oder Liebe in ihren Herzen und hegen nur noch wenig Antipathie oder Abneigung gegen andere. Das kommt daher, weil sie sich in den unteren Mondensphären inzwischen bereits einer Läuterung unterzogen haben oder aus ihrem Erdenleben vor allem Sympathie und nur wenig Antipathie in die Astralwelt mitgenommen haben. In letzterem Fall mussten sie, wie wir bereits festgestellt haben, nicht in den niederen Mondensphären verweilen, um dort geläutert und verwandelt zu werden, sondern sie stiegen aus der Ätherwelt direkt in die dritte Mondensphäre auf.

Die Tatsache, dass der Reisende, der in dieser Region verweilt, vor allem die Kraft der Sympathie in sich trägt, hat zur Folge, dass er viele Wesen anzieht und kaum noch andere abstößt. Er kennt dort keine Einsamkeit und ist imstande, mit seiner Zuneigung jeden und alles zu umarmen. Doch er ist noch nicht vollständig von jeglicher Antipathie und damit von allen negativen Gefühlen befreit. Es lebt in seiner Seele noch ein klein wenig Antipathie, die durch seine Sympathie hindurchdringt. Das führt dazu, dass bei seiner Zuneigung für andere Menschen ein egoistischer Unterton durchklingt. Es ist ein Egoismus, durch den er sein Gegenüber nicht nur an sich ziehen, sondern ihn auch besitzen möchte. Diese Neigung, den anderen besitzen zu wollen, wird er in dieser Region überwinden müssen, bevor er weiterreisen kann.

Das letzte Quentchen Antipathie sorgte auf Erden auch dafür, dass er für seinen Einsatz für andere ein „Dankeschön" erwartete und enttäuscht war, wenn er dieses Dankeschön nicht bekam. Das bedeutet, dass seine Nächstenliebe noch nicht ganz rein, noch nicht ganz selbstlos war. Auch diese Selbstsucht muss in dieser Region überwunden werden.

Für uns, die wir noch auf Erden leben, bedeutet diese Erkenntnis die Lektion, dass es erforderlich ist, unsere Nächstenliebe so rein zu halten, dass wir nicht mehr das Bedürfnis haben, den anderen zu besitzen, sondern imstande sind, den anderen wirklich frei zu lassen: Wahre Liebe lässt den anderen vollkommen frei! Darüber hinaus müssen wir hier auf Erden bereits lernen, anderen etwas frei zu schenken, ohne eine Gegenleistung dafür zu erwarten. Wer das schon zu Lebzeiten lernt, muss sich dieser Reinigung im „Gebiet der Wünsche" nicht unterziehen. Doch ich muss auch für mich selbst feststellen, dass diese Lektionen nicht einfach sind und ich diese Aufgabe im jetzigen Leben sicherlich nicht vollständig erfüllen werde.

Es dürfte deutlich geworden sein, dass die Finsternis in dieser Region zum größten Teil überwunden ist. Alle Menschen, die dort leben, strahlen ein sanftes, warmes Licht aus, weil in ihren Herzen vor allem Sympathie lebt – und folglich Liebe. Sie strahlen nur wenig Antipathie aus – und daher auch wenig Finsternis. Somit ist die dritte Mondensphäre, das „Gebiet der Wünsche", gewiss keine trübe oder düstere Sphäre. Im Gegenteil: Es ist eine Sphäre, in der die Menschen viele Begegnungen von Herz zu Herz miteinander haben und einander bis ins Herz berühren können. Dadurch gelingt es ihnen, sich gegenseitig zu helfen, um zur Erkenntnis zu gelangen.

Irdische Wünsche

Natürlich tragen viele, die verstorben sind, noch alle möglichen Sehnsüchte nach Dingen in ihrem Herzen, die sie auf Erden so gern noch hätten tun wollen. Insbesondere Menschen, die durch den Tod mitten aus dem Leben gerissen werden, hatten häufig noch so viele Pläne, Wünsche und Sehnsüchte. Sie hatten noch dies oder das tun wollen, hatten ihr erstes Enkelkind noch sehen wollen. Sie hatten noch Pläne, um schnell eben noch ... Ach, es leben oft noch so viele Sehnsüchte im Herzen eines Menschen, der stirbt. Alte Menschen haben meist keine Wünsche mehr und sehnen sich nur noch danach, nach Hause zurückkehren zu dürfen. Doch diejenigen, die sterben, wenn sie auf dem Höhepunkt ihres Lebens stehen, nehmen ihre Wünsche mit hinüber in die Welt auf der andern Seite.

Dort, im „Gebiet der Wünsche", muss man diese Sehnsüchte loslassen. Der Reisende muss lernen, seine Aufmerksamkeit nicht mehr auf die Erde zu richten, sondern auf die Lichtwelt, und sich folglich nicht mehr in Richtung Vergangenheit zu orientieren, sondern auf die Zukunft hin. Das bedeutet auch, dass die Wünsche, die nicht mehr erfüllt werden können, im Herzen des Reisenden langsam absterben müssen. Das geschieht vor allem dadurch, dass er zu erkennen beginnt, dass seine Wünsche niemals mehr Wirklichkeit werden. Wenn er sich dieser Tatsache bewusst wird und bereit ist, den Schmerz zu durchleben, den das Loslassen dieser Wünsche und Sehnsüchte verursacht, kann er in höhere Welten aufsteigen. Es ist offensichtlich, dass dieser Aspekt der dritten astralen Mondensphäre der schmerzlichste Teil ist.

Doch immer wieder ist es für den Reisenden eine große Erleichterung, wenn er erstmals spürt, dass er von seinen irdischen Wünschen und Sehnsüchten erlöst wird. Er fühlt sich befreit, gewinnt innerlich Raum und spürt, wie sich nun eine neue Welt für ihn öffnet – die vierte Mondensphäre.

9.

DIE REISE DURCH DIE VIERTE MONDENSPHÄRE

Viermal Loslassen lernen

Die vierte Mondensphäre heißt „Gebiet der Lust und Unlust“. Sie ist in zweierlei Hinsicht eine Übergangszone: Am Ende des Aufenthalts in den vier Mondensphären wird der Reisende diese Region verlassen dürfen, um in die Merkursphäre einzutreten. Außerdem bildet die vierte Mondensphäre auch den Übergang von den drei niederen in die drei höheren Astralwelten.

In den vorangegangenen drei Sphären musste der Reisende lernen, drei verschiedene Bedürfnisse nach einem irdischen Leben zu überwinden und loszulassen:

- Im „Gebiet der Begierdeglut“ musste er zunächst die Anhaftung an seine niederen Triebe ablegen. Er musste aber auch das Bedürfnis überwinden, mit den Augen seines Körpers zu schauen und mit den Ohren seines Körpers zu hören. Er musste dort erkennen, dass es eine höhere Form des Sehens und Hörens gibt – eine geistige Art des Sehens und Hörens. Er musste sich folglich bewusst werden, dass es auch geistige Sinne gibt, und lernen, sich für die Funktion dieser Sinne zu öffnen.

- Im „Gebiet der ständigen Empfänglichkeit für Reize“ musste er das Bedürfnis überwinden, auf irdische Weise mit seinem physischen Gehirn zu denken. Er musste dort erkennen, dass es eine höhere Denkweise gibt – nämlich mit dem Herzen zu denken. Das Herz fängt die Gedanken auf, die andere Wesen und Dinge ausstrahlen.[44]
- Im „Gebiet der Wünsche“ musste er die Bedürfnisse aufgeben, die in seinem irdischen Herzen lebten und auf sein irdisches Leben ausgerichtet waren. Er musste lernen, sich umzuwenden und sich statt in Richtung Vergangenheit jetzt in Richtung Zukunft zu orientieren.

Nun, im „Gebiet der Lust und Unlust“, muss er lernen, das Bedürfnis nach seinem physischen Körper loszulassen.

Den Hang zum physischen Körper überwinden

Mit dem Begriff „Lust“, mit dem diese Region charakterisiert wird, meint man das Selbstvertrauen und das Selbstbewusstsein, das der Reisende auf Erden aus seinem physischen Körper schöpfte. Ein Beispiel hierfür sind sportliche Leistungen, wozu er dank seines Körpers auf der Erde imstande war. Sie ermöglichten es ihm beispielsweise, seine Unsicherheit zu überwinden und stattdessen ein gewisses Selbstvertrauen zu entwickeln. Man denke auch an die Menschen, die aufgrund ihrer körperlichen Schönheit die Aufmerksamkeit anderer

Menschen anzogen – eine Aufmerksamkeit, die ihr Selbstbewusstsein stärkte. Für viele war diese Aufmerksamkeit ein wichtiges Hilfsmittel, um ihre Lebensangst, ihr mangelndes Selbstvertrauen oder ihre Minderwertigkeitsgefühle zu überwinden.

Doch in der geistigen Welt wird der Reisende lernen müssen, sich ein Selbstvertrauen anzueignen, das er nicht aus seinem physischen Körper schöpft, sondern von dem geistigen Menschen gewinnt, der er selbst in seinem Inneren ist. In dieser Sphäre wird sich der Reisende von seinem Hang zum physischen Körper und von der Bestätigung, die dieser ihm gab, lösen müssen.

Wenn wir hier einen Augenblick innehalten, wird ganz schnell deutlich, dass die Rolle, die unser physischer Körper bei der Ausbildung unseres Selbstbewusstseins und Selbstvertrauens spielt, viel größer ist, als wir uns meistens bewusst sind. Man denke beispielsweise an einen Mann, der mit seinem kräftig gebauten Körper anderen imponiert. Man denke an Menschen, die ihr Selbstbild aus ihrer sexuellen Aktivität ableiten – und so gibt es noch viele weitere Beispiele.

Für uns, die wir noch auf Erden leben, beinhaltet diese Erkenntnis über die vierte Mondensphäre die Aufgabe, uns bewusst zu werden, auf welche Weise wir denn eigentlich Selbstvertrauen aus unserem physischen Körper schöpfen.

Sind wir uns dessen bewusst geworden, so werden wir vor die Frage gestellt, ob wir imstande sind, das gleiche Selbstvertrauen von innen heraus, also ohne Hilfe des physischen Körpers, zu entwickeln.

Ein Leben ohne physischen Körper

Weiter oben habe ich bereits über die Wahrnehmung eines Hellsichtigen berichtet, der sah, wie ein Verstorbener versuchte, eine Zigarette aus den Händen eines Rauchers zu nehmen – was natürlich nicht gelang, weil man mit den Händen des geistigen Körpers nun einmal keine physischen Dinge anfassen kann. Dieses Beispiel macht deutlich, dass der Reisende in jener Sphäre auch diese und alle anderen Formen der Gebundenheit an den physischen Körper überwinden muss. Er muss lernen, sich bis ins kleinste Detail auf ein Leben ohne physischen Körper einzustellen.

Das ist schwierig für Menschen, die sich gar nicht vorstellen können, dass ein Leben ohne physischen Körper möglich ist; insbesondere weil sie denken, dass das Leben endet, wenn der physische Körper stirbt. Manchmal stelle ich mir die Verwirrung eines Menschen vor, der gerade im Sterben liegt und denkt, dass er dann in den letzten Schlaf verfallen wird. Wie schockiert muss er sein, wenn er in der ätherischen Welt aufwacht und feststellt, dass er alles sehen kann, was auf Erden geschieht – allerdings ohne sich irgendwie bemerkbar machen zu können, weil er keinen physischen Körper und folglich auch keine physische Stimme mehr hat. Er hört, wie seine lieben Hinterbliebenen über ihn sprechen, doch er kann nicht reagieren, weil er über keine Ausdrucksmöglichkeit mehr verfügt, womit er sie erreichen kann. Außerdem bemerkt er, dass er keine physischen Hände mehr hat, mit welchen er die anderen berühren und auf sich aufmerksam machen könnte. Diese Erfahrung liegt jenseits aller seiner Erwartungen und Vorstellungen. Wie einsam muss sich solch eine Person fühlen! Eine Einsamkeit, die anhält, auch wenn derjenige in die Astralwelt eintritt und durch die verschiedenen Mondensphären wandert.

Erst viel, viel später entdeckt er, dass in dieser Welt auch andere Wesen leben: Verstorbene und Engel, mit welchen er sich auf telepathische Weise austauschen kann. Doch diese Feststellung macht er erst, wenn er zu neuen Erkenntnissen gekommen ist. Erst muss er sein beschränktes Denken nach dem Motto „tot ist tot" überwinden und sich dann dieses so andersartigen, geistigen Lebens bewusst werden. Der Reisende, der sich der geistigen Welt und des Lebens nach dem Tod bereits auf Erden bewusst gewesen ist, hat es folglich auf seiner Reise durch die Mondensphären ein Stück weit leichter als derjenige, der sich dieser Welt erst hier vor Ort bewusst werden muss.

Die Gefühle von Unlust überwinden

Der Begriff „Unlust" (in der Bezeichnung „Gebiet der Lust und Unlust") bezeichnet die negative Art und Weise, mit welcher manche Menschen mit ihrem Körper Aufmerksamkeit auf sich ziehen. Wir sind ja nicht nur auf positive, sondern auch auf negative Weise an unseren Körper gebunden, wie zum Beispiel Menschen mit Behinderungen, die dadurch ungewollt Aufmerksamkeit erregen. Die Krankheit oder die Behinderung kann in Einzelfällen dazu dienen, Aufmerksamkeit auf sich zu ziehen und dadurch ein gewisses Selbstbewusstsein aufzubauen, auch wenn das in Wirklichkeit eine negative Form von Selbstbewusstsein ist, indem man sich kleiner macht, als man im Grunde ist.

So gibt es beispielsweise auch Menschen, die es ganz gut finden, krank zu sein, weil sie auf diese Weise mehr Zuwendung bekommen. Es gibt sogar kranke Menschen im Krankenhaus, die schwer nachweisbare Krankheiten vortäuschen und dadurch versuchen, etwas länger als nötig in der Klinik zu bleiben, um auf diese Weise Fürsorge zu erhalten und versorgt zu werden. Bei Menschen, die sich so verhalten, spricht man davon, dass sie auf einen „Krankenbonus" aus sind. Im Grunde geht es also um Menschen, die sich in der Opferrolle wohl fühlen.

Doch man kann auch an Menschen denken, die aufgrund ihrer Hautfarbe alle möglichen Zurückweisungen und Vorurteile erleiden müssen. Das kann sie auf negative Weise an ihren Körper binden: Sei es, weil dies Wut und Ärger erzeugt, oder sei es, weil sie sich ein Leben mit einer anderen Hautfarbe wünschen. In der vierten Mondenwelt muss auch diese negative Fixierung auf den physischen Körper überwunden werden, bevor der Reisende weiter in die höhere Astralwelt der Merkursphäre aufsteigen kann.

Eine wachsende Verbindung mit dem wahren Selbst

Die Läuterung, die in den verschiedenen Regionen der Mondensphäre stattfindet, ist darauf ausgerichtet, das höhere Ich – auch „das wahre Selbst" genannt – des Reisenden gleichsam aus allen Hüllen herauszuschälen, in welchen es während seines Erdenlebens verborgen war. Je stärker sich der Reisende dabei seines höheren Ichs bewusst ist, desto stärker wird er sich auch bewusst, dass er im Tiefsten seines Inneren ein geistiges Wesen ist und kein irdischer Mensch. Er wird immer tiefer von der Erkenntnis durchdrungen, dass sein höheres Ich der geistigen Welt angehört und von dort stammt. Dabei beginnt er es nun als seine Aufgabe zu betrachten, sich hier, in der Astralwelt, mit seinem wahren Selbst oder höheren Ich zu verbinden. Je besser ihm dies gelingt, desto größer wird die Freude, die er in seinem Inneren allmählich spürt, und desto stärker wird auch das Licht, das er auszustrahlen beginnt.

Seine Freude und das zunehmende Licht, das von ihm ausströmt, machen ihm immer bewusster, dass sein höheres Ich der Quell der Liebe ist, die in ihm lebt – und zwar der Quell einer selbstlosen, bedingungslosen Liebe, die jeden Egoismus, jede Selbstsucht übersteigt. Je stärker die Verbindung mit diesem Quell der Liebe – seinem wahren Selbst – wird, desto klarer beginnt er sich als ein geistiges Wesen zu erkennen, das sich auf dem Weg in die eigentliche geistige Welt befindet, das Devachan oder die Lichtwelt. Es ist, als würde die Welt ihn gleichsam schon von Ferne rufen und voller Sehnsucht auf ihn warten.

Das verleiht ihm die Kraft und den Mut, weiter zu gehen und sich für die Erfahrungen zu öffnen, die ihn in den höheren Astralwelten noch erwarten.

Befreiung aus einem selbst gesponnenen Netz

Wenn der Reisende endlich die letzte Verbindung zum physischen Körper überwunden hat, ist er bereit, in die höheren Welten einzutreten. Er hat nun den schmerzhaftesten Teil seiner Reise hinter sich und sich aus dem befreit, was auch als „das selbst gesponnene Netz, in dem er gefangen saß" bezeichnet wird.[45] Genau so sieht auch der Reisende selbst im Rückblick sein Erdenleben mit der Zeit immer deutlicher: Als wäre es ein Netz von Illusionen gewesen, das er selbst auf Erden gesponnen hatte und aus dem er sich hier, im Leben nach dem Tod, nach Kräften befreien muss.

Er hat sich auf seiner Reise durch die niederen Astralwelten freilich nicht nur von seinen Illusionen gelöst, er hat darüber hinaus auch noch alle Antipathie und Lieblosigkeit überwunden und losgelassen. Das macht es möglich, dass er nun in eine höhere Welt eintreten kann, die ihn mit einem neuen geistigen Impuls beseelen wird. Es ist eine Welt voller Schöpferkraft und Licht, weil dort Liebe herrscht. Es ist eine Welt, in der die Menschen einander nicht nach dem Leben trachten oder abweisen, sondern in dem sie lernen, auf höhere Weise miteinander in Verbindung zu treten. Es ist eine Welt, in der sie einander inspirieren und sich gegenseitig auch völlige Freiheit lassen. Der Reisende wird die Erfahrung machen dürfen, dass in dieser höheren Welt verschiedenste kreative Kräfte in ihm wirksam werden – Kräfte, die aus seinem inneren Kraftquell entspringen, der nun allmählich ganz frei wird – sein wahres Selbst oder sein höheres Ich.

In den ersten vier Sphären der Astralwelt war der Reisende beinahe völlig auf sich selbst ausgerichtet. Er musste sich ja all der Illusionen bewusst werden und lernen, sich davon zu befreien. Doch in der höheren Welt beginnt er, seinen Blick für die anderen Bewohner der Astralwelt zu öffnen. So wird er nun auch einen Blick für die Engel bekommen. Er beginnt, sie nicht nur zu sehen, sondern auch zu hören und zu spüren, sowie die heilsame Kraft ihrer Ausstrahlung zu erfahren.

Doch auch die höhere Welt ist eine Welt, in der der Reisende noch an sich selbst arbeiten muss, bevor er so weit ist, dass er in das Devachan, die Lichtwelt oder die eigentliche geistige Welt, eintreten kann. Erst wenn er ins Devachan eintritt, endet der Läuterungsprozess, dem er sich unterziehen muss, definitiv.

Einsamkeit in der höheren Astralwelt

Um Zugang zu den höheren Astralwelten zu erlangen und sich dort zu Hause zu fühlen, muss der Reisende bereits während seines Erdenlebens bestimmte Ideale entwickelt haben, religiöse, ethische und moralische Ideale.[46] Sie sind gleichsam sein „Pass“ für den Zugang zu den höheren Welten. Außerdem ist es Voraussetzung, dass er Gefühle von Ehrfurcht, Bewunderung und Respekt für die Größe des Lebens gehegt hat. Tritt er mit derartigen Gefühlen in die höheren Astralwelten ein, so wird er erfahren dürfen, wie diese Gefühle in jener Welt allmählich immer stärker werden: Eine Verstärkung seiner Bewunderung, seiner Ehrfurcht und seines Respekts ist das erste Geschenk in dieser Welt. So wird der Reisende mit einem markanten Gesetz der geistigen Welt vertraut: „Wer hat, der wird empfangen.“ [47]

Außerdem empfängt der Reisende, der in die höheren Astralwelten mit Idealen und Gefühlen von Ehrfurcht und Bewunderung eintritt, noch ein zweites Geschenk: Er wird später, in einem weiteren Leben, erfahren dürfen, dass sein Ätherleib und sein Astralleib mit kräftigen, heilsamen Energien durchströmt werden.

Besitzt der Reisende hingegen keine Ideale und keine Gefühle von Ehrfurcht und Bewunderung (auch nicht ansatzweise), dann wird er sich in dieser Region auch nicht heimisch fühlen und eine Zeit tiefer, quälender Einsamkeit durchleben. Er wird es empfinden, als würde er in einem Gefängnis sitzen. Er wird erst daraus befreit werden, wenn er sich innerlich öffnet und bereit ist, diese Ideale und Gefühle in sich selbst zuzulassen. So vollzieht sich auch in den höheren Astralebenen die Läuterung, die noch nötig ist.

10.

DIE REISE DURCH DIE MERKUR- UND DIE VENUSSPHÄRE

Merkur oder das Gebiet des Seelenlichtes

Die drei höheren Astralwelten beginnen in der Merkursphäre. Von der Merkursphäre gelangt der Reisende anschließend in die Venussphäre und von dort aus in die Sonnensphäre. In der Sonnensphäre vollzieht der Reisende den Übergang von den Astralwelten in die Lichtwelt oder in das Devachan. Jede der drei höheren Astralwelten hat auch ihren eigenen Namen:

- Das „Gebiet des Seelenlichtes“ (oder die fünfte Astralsphäre im Merkur)
- Das „Gebiet der Seelenkraft“ (oder die sechste Astralsphäre in der Venus)
- Das „Gebiet des Seelenlebens“ (oder die siebte Astralsphäre in der Sonne)

Hat der Reisende die Aufgaben erfüllt, die mit der Mondensphäre – also den niederen Astralwelten – verbunden sind, so beginnt er sich einer höheren Welt bewusst zu werden, die er vorher noch nicht wahrgenommen hatte. Es ist die Merkursphäre oder das „Gebiet des Seelenlichtes“.

Für die meisten Reisenden muss es eine besondere Erfahrung sein, in diese neue Welt einzutreten.

Sie haben inzwischen jegliche Antipathie – oder auch ihre negativen Gefühle gegenüber anderen Menschen – hinter sich gelassen. Dadurch ist die Kraft ihrer Sympathie vollständig frei geworden. Infolgedessen strahlen sie nur noch Licht aus und kaum noch Finsternis. Daher ist die Merkursphäre eine Welt voll hell erstrahlenden Lichtes, das die Reisenden mit Wärme und Liebe umhüllt. Das kommt sogar im Namen zum Ausdruck, den diese Sphäre erhalten hat: „Gebiet des Seelenlichtes“.

Dieses Licht verfügt über eine starke Schöpferkraft. Dieses Licht und diese kreative Kraft vermitteln den Reisenden ein tiefes Glücksgefühl, ja sogar ein Gefühl himmlischer Glückseligkeit.

Im Laufe der vorausgegangenen Läuterungs- und Transformationsprozesse sind die Reisenden mit der Zeit immer mehr den Engeln ähnlich geworden.[48] Dadurch sind sie nun imstande, in dieser Sphäre das Wesen der Engel und Erzengel wahrzunehmen und ihnen „auf Augenhöhe“ als gleichwertige Wesen zu begegnen. Das Erste, was ihnen dabei auffällt, ist die ganz besondere Ausstrahlung der Engel, die ihr tiefstes Wesen widerspiegelt. Voller Freude erkennen die Reisenden, dass auch sie selbst nun widerspiegeln dürfen, was in den Engeln lebt, weil sie die Finsternis hinter sich gelassen haben und von wahrer Liebe durchströmt werden.[49] Dadurch beginnen sie bereits, den Engeln ein wenig zu gleichen, und es wird möglich in dieser Sphäre den ersten Anfang eines *übersinnlichen Freundeskreises* aufzubauen, eines Kreises von Freundinnen bzw. Freunden, der aus Engeln besteht. [50]

Läuterung

Doch eine bestimmte Gruppe von Reisenden muss auch in dieser Region noch weiter geläutert werden. Auch in den höheren Astralwelten wird der Reisende ja durch eine weitere Reinigung und Transformation auf seinen Eintritt in die Lichtwelt, das Devachan, vorbereitet, wo die eigentliche geistige Welt beginnt. Die Läuterung vollzieht sich in der Merkursphäre auf zwei Ebenen: Auf der Ebene der Natur und auf der Ebene der Religion.

Die erste Frage, die dem Reisenden in dieser Region – auf telepathische Weise – gestellt wird, lautet: „Hast du auf Erden die Natur nicht nur genossen, sondern in ihr auch das Wirken des göttlichen Geistes gespürt und erfahren?" Wenn der Reisende auf Erden nicht erfahren hat, wie göttliche Kräfte die Natur durchströmen und in ihr wirken, so ist in dieser Region noch eine Läuterung nötig.

Die zweite Frage, die dem Reisenden in dieser Region gestellt wird, lautet: „Hast du während deines irdischen Lebens religiöse Gefühle gekannt? Gefühle, die in keiner Weise (ver-)urteilend oder im geringsten materialistisch gefärbt waren?" Waren diese nämlich doch materialistisch gefärbt und verurteilend – nach dem Motto: „Ich habe Recht, und was der andere denkt, ist falsch" – so ist in dieser Region eine Läuterung erforderlich, so lange bis der Reisende jegliches

Vorurteil gegenüber anderen sowie jegliche materialistische Vorstellung von der geistigen Welt abgelegt hat.

Es gibt auch Reisende, die auf Erden keinerlei Bewunderung hinsichtlich der Natur kannten, geschweige denn, dass sie darin eine göttliche Kraft spürten. Ebenso gibt es Reisende, die gar keine religiösen Vorstellungen und Gefühle auf Erden besaßen und folglich auch keine religiösen Vorstellungen kennen konnten, die verurteilend und materialistisch gefärbt waren. Sie werden sich hier, in der Merkursphäre, ganz einsam fühlen, weil sie keinerlei (geistige) Verbindung zu den anderen Reisenden und den Engeln, die in dieser Region leben, herstellen können. Das bedeutet auch, dass sich viele Reisende in der Merkursphäre völlig glücklich und andere eben total allein und einsam fühlen. Welches Los den Reisenden jeweils erwartet, hängt allein von der Art und Weise ab, wie dieser auf Erden gelebt hat.

Im Dienste von Ahriman

Es gibt noch andere Reisende, die es in der Merkursphäre ebenso unbequem haben. Das sind die Menschen, die auf Erden nicht an ein Leben nach dem Tod geglaubt haben und dachten, dass der Tod auch wirklich den Tod oder das definitive Ende bedeutet. Es sind Menschen, die auf Erden weder an einen Gott noch an Engel geglaubt haben. Sie werden hier eine schwierige Zeit durchmachen. Sie werden in dieser Region nämlich für eine bestimmte Zeit in den Dienst von Ahriman geraten, den Geist der Verhärtung. Ahriman, der in der Bibel „Satan“ genannt wird, ist der Geist, der die Menschen dazu verleitet zu glauben, dass es nur das Erdenleben gibt und jeder Gedanke an ein höheres geistiges Leben lediglich ein „Hirngespinst" ist. Außerdem ist er der Geist, der sämtliche Neuentwicklungen bekämpfen wird.

Gerade in unserer heutigen Zeit, da nun – seit 1899 – das Kali-Yuga, oder das Eiserne Zeitalter, zu Ende gegangen ist, ist es die Aufgabe der Menschen, wieder mit der geistigen Welt in Verbindung zu treten. [51] Uns wird dabei aus der geistigen Welt geholfen, indem uns in unserer heutigen Zeit die unterschiedlichsten neuen Erfahrungen geschenkt werden. Man denke etwa – um ein Beispiel zu nennen – an Nahtod-Erfahrungen, an Begegnungen mit Engeln, an Erfahrungen mit Verstorbenen und an die Erscheinung der strahlenden Lichtgestalt Christi. Oder auch an das Wissen um Karma und Reinkarnation, zu dem immer mehr Menschen in der heutigen Zeit Zugang finden. Gerade beim aktuellen Stand der menschlichen Evolution ist es unsere Aufgabe, uns für die geistige Welt und die Erfahrungen, die uns aus dieser entgegengebracht werden, zu öffnen. Dadurch wird jeder Mensch innere Gewissheit darüber gewinnen, dass die geistige Welt wirklich existiert, und der Glaube wird sich in Wissen verwandeln.

Wer sich dieser Aufgabe nicht widmet und in der alten Sphäre eines beschränkten Denkens nach dem Motto „Tot ist tot, und es gibt keine geistige Welt" stecken bleibt, der wirkt der menschlichen Entwicklung auf Erden entgegen, die von der geistigen Welt vorgesehen ist – und das ist ausgerechnet das, was Ahriman, der Geist der Verhärtung und des Stillstands, will und auch tut. Er will nicht, dass sich die Menschen der geistigen Welt bewusst werden. Das bedeutet, dass eine solche Person, zwar unbewusst, aber dennoch, der Diener Ahrimans auf Erden war und diesen bei seinem Plan unterstützte, die Entwicklung neuer Erkenntnisse zu behindern. Daher wird er nun im „Gebiet des Seelenlichtes" erfahren müssen, wie es sich anfühlt, im Dienste Ahrimans zu stehen. Dadurch wird er sich der Folgen eines Handelns auf Erden bewusst werden, das einer von Gott beabsichtigten Entwicklung entgegenwirkte.

Nun ist Ahriman, wie ich bereits erwähnt habe, der Geist der Verhärtung und Erstarrung. Merkur hingegen ist der Planet der Beweglichkeit, folglich auch der Flexibilität des Geistes. Daher muss sich der Reisende, der auf Erden im Dienste Ahrimans stand, gerade hier, in der Merkursphäre der Flexibilität, bewusst werden, was seine Einstellung auf Erden im Grunde bedeutete und umfasste. Er wird nun selbst den Schritt aus der ahrimanischen Erstarrung heraus und in die lebendige Beweglichkeit Merkurs hinein tun müssen. Erst wenn er das getan hat, kann er weiterreisen.

Venus oder das Gebiet der Seelenkraft

Wenn der Reisende sich weiterentwickelt, kommt er aus der Merkur- in die Venussphäre. Findet man in der Merkursphäre eine große geistige Beweglichkeit, so ist die Venussphäre die Sphäre der kosmischen Liebe. Folglich fühlt sich jeder Reisende, der die (Kraft der) Liebe kennt, hier gleich zu Hause.

Hat er auf Erden Liebe gegeben und war er fortwährend – wenn auch nach dem Prinzip „Versuch und Irrtum" – danach bestrebt, ein Diener der Liebe zu sein, dann wird er hier erfahren dürfen, dass seine Liebesfähigkeit in dieser Sphäre verstärkt wird. Dadurch erhält seine Liebe noch stärkere Kraft. Auch hier gilt das Gesetz, das wir bereits weiter oben kennen gelernt haben: „Wer hat, der soll empfangen." Der Reisende wird gleichsam in die kosmische Kraft der Venusliebe eingetaucht und erfährt, wie seine eigene Liebeskraft dadurch verstärkt wird.

Diese Region wird auch als „Gebiet der Seelenkraft" bezeichnet. Dies ist ein Hinweis darauf, dass die Liebe die wahre Kraft des Menschen ist. Diese Liebe ist für ihn auf seiner weiteren Reise durch die Astralwelten und die geistigen Welten eine verlässliche Stütze.

Nun ist es ja so, dass die wahre Liebe von Gott kommt – Gott ist Liebe, reine Liebe, wie es auch der große Eingeweihte Johannes festgestellt hat. [52] Daher herrscht in der Venussphäre auch eine starke Ausrichtung auf Gott als den Lebensquell, aus dem die Liebe hervorkommt und entströmt. Das bedeutet, dass die Reisenden, die sich hier zu Hause fühlen, sowohl tiefe Liebe kennen als auch Gott als Quell der Liebe großen Respekt entgegenbringen. Man könnte es auch so formulieren: Die Reisenden in dieser Venussphäre haben eine religiöse Lebenseinstellung. Außerdem verbinden sie sich in dieser Welt mit allen anderen, die Gott gegenüber eine vergleichbare Ehrfurcht und Verehrung in sich tragen.

Die Läuterung, die in dieser Region stattfindet, hat folglich auch mit diesen beiden Aspekten zu tun – mit der Liebe und mit einer gelebten Ehrfurcht vor Gott als Quell der Liebe. Der Reisende, der auf der Venus ankommt und diese beiden Kräfte nicht im eigenen Herzen trägt, wird sich hier ganz einsam fühlen. Er fühlt sich vollkommen fremd und fehl am Platze. Er kennt weder den Weg in dieser Region noch versteht er die Welt, in der er nun verkehrt. Dadurch fühlt er sich ausgeschlossen und bekommt zu niemand anderem Kontakt.

Wer über das Schicksal dieser Reisenden nachdenkt, beginnt sich automatisch zu fragen, wie es denn kommt, dass sie weder die Liebe zu den Menschen noch die Liebe zu Gott kennen. Die Antwort lautet: „Weil sie auf Erden nicht versucht hatten, die Liebe im eigenen Herzen zur Blüte zu bringen." Sie entschieden sich für Eigennutz, Besitz, Sicherheit und nicht für etwas so Verletzliches wie die Liebe – die Liebe macht verletzbar, und zu lieben bedeutet auch, dass wir lernen, für andere Menschen Opfer zu erbringen. Auch hier sehen wir wieder, wie tiefgreifend die Folgen unserer Lebensweise auf Erden für das Leben in der Astralwelt sind.

Von Wut und Erbostheit mitgerissen

Es gibt Reisende, die in der Venussphäre ankommen und noch Reste von Antipathie mit sich tragen. Das rührt daher, weil sie so viel Antipathie, Hass, Wut und Erbostheit mit sich herumtrugen, dass nicht alles in der Mondensphäre geläutert werden konnte. Sie machen hier eine schmerzhafte Erfahrung. Sie werden zwar sehr wohl von den Liebeskräften der Venus umhüllt – und somit auch in ein Bad kosmischer Liebe getaucht – doch diese Liebeskräfte haben in diesem Fall eine besondere Auswirkung. Sie beschwören all die unbewusste Erbostheit, den Grimm und die Wut herauf, die noch im Herzen des Reisenden leben. Dadurch treten diese dunklen Kräfte mit einer solchen Heftigkeit zutage, dass die Gefahr besteht, dass sich die Reisenden durch Gefühle von Wut und Zorn mitreißen lassen. Es ist so, als würden sie sich in ein loderndes Feuer von Wut, von vollkommen verzerrter Bosheit verwandeln. Dem Reisenden steht in diesem Fall nur noch ein einziger Weg offen, nämlich in diesem Feuer auszuhalten und es langsam zum Erlöschen zu bringen. Nur so können sie wieder in Harmonie mit dem Kosmos kommen.

Ihr Aufenthalt in der Venussphäre steht damit zwar ebenfalls im Zeichen der Liebe, jedoch im Zeichen dessen, was diese Liebe an verborgener Finsternis an die Oberfläche bringt.

Den Engeln immer ähnlicher werden

Der Reisende, der sich auf der Venus zu Hause fühlt, erlebt, dass er mittels der Kraft der Liebe den Engeln immer ähnlicher wird. Daher darf er hier auch zu den höheren Engeln aufblicken, wie etwa zu den Archai, die über den Erzengeln stehen. Er kann sie nun auch sehen und mit ihnen familiären Umgang pflegen, während er langsam von diesem dunklen irdischen Ballast befreit wird, der uns hier auf Erden in Form von Ängsten, Habsucht oder Sicherheitsbedürfnis bedroht. Wir Menschen können uns ja nur der Wesen und Welten bewusst werden, die im Wahrnehmungsbereich unseres Bewusstseins liegen.

Je deutlicher der Reisende die Ähnlichkeit zwischen den Engeln und seinem eigenen Wesen zu erkennen und je mehr er sich darüber zu wundern beginnt, desto stärker wechselt er automatisch in eine andere Sphäre über – in die Sonnensphäre.

11.

VON DER SONNENSPHÄRE INS DEVACHAN

Ein wachsender übersinnlicher Freundeskreis

Die Sonnensphäre ist die höchste Region in der Astralwelt und bildet zugleich den Übergang in die (eigentliche) geistige Welt, ins Devachan oder die Lichtwelt. Die Sonnensphäre ist die Welt, in der die Engel wohnen, die das Schicksal der Menschen und der Erde lenken und steuern. [53] Hier leben außerdem die höheren Engel mit beeindruckenden Namen, wie etwa die Mächte, die Kräfte und die Weltenlenker, die Engel der zweiten Hierarchie. [54] Sie werden auch „Geister der Form", „Geister der Bewegung" und „Geister der Weisheit" genannt. [55] Der Reisende erlangt in dieser Welt auch die Fähigkeit, sie zu sehen, sich ihres Wesens bewusst zu werden und sich in ihrem Wesen wie in einem Spiegel zu erkennen. Das zeigt, welch große Entwicklung er auf seiner Reise inzwischen durchgemacht hat. Seine Kontakte zu den verschiedenen Engeln wachsen, und sein „übersinnlicher Freundeskreis" wird immer größer.

Die Sonnensphäre wird auch „Gebiet des Seelenlebens" genannt, weil der Reisende in dieser Sphäre den Schritt ins Devachan tut, in das Gebiet des wahren, eigentlichen Lebens.

Dabei geht der Reisende nach und nach und wie von selbst in die Sphäre des Devachan hinüber und beginnt dort, die Kraft seines eigentlichen Lebens, nämlich seines geistigen Lebens, zu erfahren. Bis dahin hatte er in der Astralwelt gelebt, der Welt der Seele, und folglich der Welt des Seelenlebens. Doch nun lässt er seinen Astralleib los und beginnt, in der Welt des Geistes zu leben.

Die Sonnensphäre ist auch die Sphäre, in welcher der Reisende – mehr als in anderen Sphären – auf die Erde zurückblickt, um sich der Entwicklungen auf Erden bewusst zu werden. Es ist ja wichtig, dass der Reisende die Verbindung zur Erde nicht ganz verliert, weil er in Zukunft erneut die Erde besuchen wird, um weitere Lektionen zu lernen. [56]

Ganz in der Weltenmusik aufgehen

Das Gefühlsleben des Reisenden wird in der Sonnensphäre einer wichtigen Transformation unterzogen. Bisher war der Reisende vor allem auf sich selbst und sein eigenes Schicksal fixiert. Er musste so viel ablegen und loslassen. Immer wieder wurde er vor eine neue Aufgabe gestellt, die seinen ganzen Einsatz und seine ganze Aufmerksamkeit forderte. Doch nun beginnt er, sich mehr und mehr der Welt bewusst zu werden, die ihn umgibt, und folglich auch dessen, wovon er im Kosmos lebt. Es ist, als würde er sich mehr und mehr öffnen. Dabei erfährt er, dass die „universelle Stimmung", die im Kosmos herrscht, allmählich nun auch ihn selbst erfüllt und in seinem Wesen lebendig wird. Dadurch wird er sich nun auch der *Weltenmusik* bewusst, die den gesamten

Kosmos durchdringt, die er jedoch bislang noch nicht so bewusst wahrgenommen und gehört hatte.

Indem er dieser Musik lauscht und sie erspürt, entdeckt er, dass diese pure Harmonie ist – perfekte Harmonie, die Ausdruck des Wesens des Kosmos ist. So beginnt der Reisende nun, während er sich im Klang der Weltenmusik mitbewegt, von der *Weltenharmonie* erfüllt zu werden. Er erfährt, wie diese auch ihn selbst bis zur vollständigen Harmonie umformt. Während dieses Umwandlungsprozesses bemerkt der Reisende, dass sich für ihn allmählich die verschiedensten kosmischen Geheimnisse erhellen. Es sind Geheimnisse, die ihn einerseits mit tiefer Bewunderung und Ehrfurcht erfüllen, andererseits die neue Welt des Devachan vor ihm erstrahlen lassen.

Zu diesen Geheimnissen gehört auch folgende Erkenntnis: Er beginnt, sich in der Sonnensphäre mehr und mehr des Wesens Christi bewusst zu werden. Insbesondere die Reisenden, die bereits auf Erden eine tiefe Verbindung zu Christus hatten, werden hier förmlich in sein Wesen „eintauchen". Es ist, als würden sie sich in seinem Wesen auflösen und als ein neues geistiges Wesen wieder auferstehen. Es ist eine Erneuerung, die ihnen das Christus-Geheimnis bewusst macht – stärker und tiefer, als es auf Erden möglich war.

Die letzten Sprachreste werden abgelegt

Auch in dieser Sphäre findet noch eine – letzte – Läuterung statt, bevor der Übergang ins Devachan erfolgt. Der Reisende wird hier von den letzten Resten seiner irdischen Sprache befreit – einer Sprache, die auf Erden verunreinigt und von den hohen geistigen Kräften, aus welchen sie ursprünglich entstanden war, losgelöst und entfremdet wurde. Eine Sprache, durch die viele dunkle Kräfte hindurch wirken, wie Egoismus, Materialismus, Besitzstreben und Machtgier. Es sind Sprachreste, die für die höheren Engel übrigens bedeutungsvoll sind, weil sie daran ablesen können, inwieweit das irdische Leben degeneriert ist, oder wie weit sich das Erdenleben von seiner ursprünglichen paradiesischen Qualität und Schönheit entfernt hat. Die höheren Engel können ihren Plan für die weitere Entwicklung von Mensch und Erde an das Niveau anpassen, auf dem sich der Mensch diesen Sprachresten zufolge offensichtlich gerade befindet.

Eine zweite und letzte Läuterung, der sich der Reisende in dieser Region unterziehen muss, ist das Ablegen der allerletzten Reste von Vorurteilen. Er wird nämlich nur dann ins Devachan eintreten können, wenn er imstande ist, volles Verständnis für alle anderen Reisenden und geistigen Wesen aufzubringen, also auch für diejenigen, die anders leben, denken und fühlen als er selbst.

Der Astralleib wird abgelegt

Hat der Reisende alles gelernt, was die Sonnensphäre ihm schenken möchte, beginnt er automatisch, seinen Astralleib abzulegen. Damit verliert der Reisende die letzte Verbindung zu dem, was er auf Erden erlebt hat. [57] Er nimmt nur einen Extrakt mit: Die geistigen Errungenschaften, die er in seinem Erdenleben gewonnen hat, die Essenz seines Erdenlebens. Es ist wichtig, uns die Folgen dieser großen Transformation bewusst zu machen, die sich ergeben, wenn der Astralleib abgelegt wird. Unser Astralleib war Träger aller unserer Emotionen und Triebe. Die letzten Reste und Narben von diesen Emotionen und Trieben – etwa unsere Ängste, unsere Einsamkeit und unser Kummer – werden jetzt abgelegt. Übrig bleibt ein geläutertes geistiges Wesen von reiner Schönheit und Liebe. Als perfektes Wesen darf der Reisende nun das Devachan betreten.

Damit dürfte deutlich geworden sein, dass nur solche Reisende in das Devachan eintreten können, die alle Lektionen, welche die Astralwelt ihnen schenkt, gelernt haben und die, wie wir bereits erfahren haben, keinerlei Finsternis mehr mit sich herumtragen und folglich auch in der Lichtwelt nicht zu einem „Umweltproblem" werden können. Demjenigen, der die Finsternis in sich selbst nicht loslassen will, bleibt der Zutritt ins Devachan verwehrt. Er wird eines Tages wieder aus der Astralwelt auf die Erde hinabsteigen, um dort in einer neuen Inkarnation neue geistige Kräfte sammeln zu dürfen – Kräfte, die ihn bei seiner nächsten Reise nach dem Tod durch die Astralwelten ins Devachan bringen werden.

Eine Welt von Urbildern

Das Devachan ist eine ganz andere Welt als die Astralwelt. Herrschten dort in der Astralwelt vor allem Farben vor, so ziehen nun in der geistigen Welt vor allem Klänge die Aufmerksamkeit des Reisenden auf sich. [58] Es ist eine Welt voller bewegter, lebendiger und schöpfender Formen, die „Urbilder“ genannt werden. Uns Menschen, die wir noch auf Erden leben, fällt es immer schwerer, den Weg, den unsere lieben Reisenden nach ihrem Tod gehen, zu verfolgen, weil das Devachan so anders und überhaupt nicht mehr vergleichbar ist mit dem, was man auf Erden vorfindet. Wir brauchen unsere Fantasie und unser Vorstellungsvermögen, um wenigstens etwas davon zu verstehen. Das gilt vor allem für die Urbilder im Devachan.

Urbilder sind die „Baupläne“ all dessen, was auf Erden existiert. Es muss nämlich zuerst etwas im Devachan entworfen werden, bevor es auf Erden in der Welt der Materie verwirklicht werden kann. Diese Baupläne sind im Grunde Gedanken der höheren geistigen Wesen oder Engel. Man kann ihre Gedanken nicht nur als „Bauplan“, sondern auch als „Entwurf“ oder „Blaupause“ bezeichnen. Der griechische Philosoph Platon, der über das hohe Wissen eines Eingeweihten verfügte, berichtete in seinen Schriften noch von diesen „ewigen Ideen“ oder „Urbildern“. Es gab folglich eine Zeit, in der man noch Einblick in die Welt des Devachan hatte. Doch Platon war einer der Letzten, der in der Öffentlichkeit über dieses Wissen sprach. Nach ihm wurde das Wissen um die Welt der Urbilder allmählich vergessen oder nur noch im Geheimen weitergegeben.

Urbilder sind lebendige Wesen

Stellen Sie sich die verschiedensten wechselnden bunten Formen vor, die leben, sich bewegen und fortwährend Klänge hervorbringen – dann sehen Sie die Welt der Urbilder vor sich. Urbilder sind Energie, Schwingung und Klang. Sie besitzen schöpferische Kräfte und bringen immer wieder neue Formen, neue Urbilder, hervor. Sie sind Wesen, die nicht nur hörbar sind, sondern die man auch schmecken kann, und die folglich auch einen bestimmten Geschmack und Geruch haben.

In allen Sphären oder Welten des Devachan leben Urbilder, und in jeder Welt sind sie wieder anders. Der Reisende, der in eine solche Welt eintritt, wird eins mit den Urbildern, die dort existieren. Sie durchdringen das Wesen des Reisenden und schenken ihm auf diese Weise ihre Kräfte. Umgekehrt überlässt der Reisende dieser Sphäre die geistigen Errungenschaften, die er auf Erden gesammelt hat und die dieser Sphäre entsprechen. Auf diese Weise beginnt der Reisende nun einen Weg des geistigen Wachstums. War die Astralwelt vor allem eine Welt, die vom Loslassen und Ablegen all dessen geprägt war, was er nicht in die geistige Welt mitnehmen konnte, so beginnt hier eine neue Entwicklung – die Entwicklung eines geistigen Wesens.

In den Schlaf fallen

Der Reisende betritt mit dem Devachan eine Welt, die unvorstellbar viel größer ist, und in der Energien herrschen, die unvorstellbar viel stärker sind, als wir es uns denken können. Daher fallen immer mehr Reisende auf ihrer Reise durch das Devachan in den Schlaf und reisen unbewusst weiter. Insbesondere die höheren Sphären des Devachan sind für den heutigen Menschen noch zu groß, zu stark und zu erhaben, als dass er diese bewusst durchschreiten könnte. Daher gehen beinahe alle Menschen nach ihrem Tod nur noch unbewusst durch die höheren Welten des Devachan. In ferner Zukunft, wenn unsere geistigen Kräfte zunehmen, werden wir auch diese Welten bewusst durchschreiten können. Margarete van den Brink berichtet:

„Die meisten Menschen kommen bei vollem Bewusstsein nach dem Tod nicht weiter als in die dritte, höchstens die vierte Region des Devachan. Dann erlischt ihr Bewusstseinslicht, und sie verlieren das Bewusstsein. Nur einige wenige, die hierfür bereits auf Erden die Fähigkeiten entwickelt hatten, kommen bei vollem Bewusstsein weiter.“ [59]

12.

DIE REISE DURCH DAS DEVACHAN

Die Reise durch die Marssphäre

Der Reisende durchwandert im Devachan zuerst die Sphäre der drei Außenplaneten: Mars, Jupiter und Saturn. [60] Danach betritt er die kosmische Welt, die jenseits der Planeten liegt – die reine Welt des Geistes.

In der Marssphäre leben die „Urbilder des Erdenlebens". Der Reisende hatte auf der Erde Familie und Freunde und gehörte zu einem bestimmten Volk. Er hatte auch einen Beruf oder eine bestimmte Lebensaufgabe, die seine Aufmerksamkeit erforderte. Hier, in der Marssphäre, steht er den Urbildern jenes Erdenlebens Auge in Auge gegenüber. Dadurch erlebt er jenes Erdenleben noch einmal. Doch nun geschieht es aus der Sicht seines geistige Ursprungs heraus. Es geht um das „Warum?" und das „Wie?"– aber auch mit einem gewissen Abstand, so als würde er auf das Leben eines anderen Menschen blicken. Zugleich wird bei diesem Rückblick seine Liebe für seine Familie und seine Freunde verstärkt. Was er auf Erden in seiner Beziehung zu ihnen an Liebe, Geduld und Toleranz gelernt hat, wird hier in eine höhere Fähigkeit umgewandelt. Es ist seine erste Transformation in der geistigen Welt. Da er seiner Familie und seinen Freunden auf diese

Weise neu begegnet ist, bleibt er von jetzt an auf seiner Reise durch das Devachan mit ihnen verbunden. [61]

In der Marssphäre leben die höheren Engel, welche die Hüter der „Weltensprache“ sind. Sie formen die „Weltenmusik“ langsam in die „schöpferische Weltensprache“ um. Diese Sprache ist, anders als die irdische Sprache, wirklich schöpferisch: Aus dieser Sprache entstehen neue Wesen und neue Dinge, sogar neue Welten. [62] Der Reisende lauscht dieser Weltenmusik und wird beim Zuhören innerlich mit der Sprache verwoben, die diese hervorbringt. So werden ihm für seinen weiteren Weg die Schöpferkräfte mitgegeben, die in dieser Sprache stecken. [63]

Natürlich ist die Marssphäre viel größer und eindrucksvoller, als ich es mit diesen wenigen Worten andeuten kann. Daher fallen die meisten Reisenden in dieser Sphäre langsam in den Schlaf und reisen unbewusst weiter. Sie können die Energien und die überwältigende Sphäre dieser Welt noch nicht verkraften. Erst in späteren Leben, wenn sie sich auf Erden geistig weiterentwickelt haben, werden sie erwachen und diese Sphäre bewusst durchlaufen.

Die Reise durch die Jupitersphäre

Von der Marssphäre kommt der Reisende in die Jupitersphäre. Dort leben die „Urbilder der ätherischen Welt“, die Urbilder der Welt der Lebenskräfte. Alles, was mit der ätherischen Welt zu tun hat, ist aus diesen Urbildern entstanden.

Auf Erden kommen wir mit der ätherischen Welt und den Urbildern dieser Welt in Verbindung, wenn wir *Bewunde-*

rung, Ehrfurcht vor der Unermesslichkeit des Lebens und *Respekt* gegenüber den Mysterien des Lebens kennen. Der Reisende wird in der Jupitersphäre von der Kraft dieser Urbilder durchdrungen, so dass seine Gefühle von Bewunderung, Ehrfurcht und Respekt verstärkt werden. Dies geschieht jedoch nur dann, wenn er auf Erden diese Gefühle bereits in sich selbst entwickelt hatte, so dass sie hier verstärkt werden können. Wieder also erfolgt eine Umwandlung in eine höhere Fähigkeit. Auch hier gilt das Gesetz: „Wer hat, der wird empfangen."

In dieser Sphäre wird der Reisende mit denjenigen Menschen verbunden, mit welchen er auf Erden gleiche Interessen oder ein und dasselbe Ideal teilte – und folglich die gleiche Bewunderung und Ehrfurcht. Menschen beispielsweise, mit welchen er die gleichen geistigen Geheimnisse teilen konnte, welchen er auf die Spur kam. Von nun an bleibt er im Devachan mit ihnen verbunden.

In der Jupitersphäre leben die Engel, welche die Hüter der „Weltengedanken" sind. *Die Weltensprache entwickelt sich ja schrittweise zu Weltengedanken.*

Der Reisende wird hier von diesen Weltengedanken durchdrungen und erhält dadurch Einblick in die kosmischen Geheimnisse. So wird er sich beispielsweise des Wesens der höheren Engel und der Aufgaben bewusst, die diese in Bezug auf die Weiterentwicklung der Erde und der Menschheit erfüllen. Wenn man allein hierüber ein wenig länger nachdenkt, begreift man, wie bedeutend es ist, dass ein Mensch dies erlernen darf!

In dieser Sphäre fallen noch mehr Reisende in den Schlaf und reisen unbewusst weiter, weil sie die unvorstellbar großen Energien dieser Welt (noch) nicht aushalten können. Nur wenige sind imstande, bewusst bis in die Saturnsphäre hinaufzusteigen.

Die Reise durch die Saturnsphäre

In der Saturnsphäre leben die „Urbilder der Astralwelt". Dies sind beispielsweise die Urbilder der Selbsterkenntnis und der Selbsteinsicht, aber auch die eines Lebens ohne Vorurteile oder die Urbilder der Hingabe und des Dienens. [64] Der Reisende sieht voller Staunen und Bewunderung, welche großen geistigen Kräfte hinter all diesem verborgen liegen.

In dieser Sphäre steht die *Gemeinschaft* im Mittelpunkt. Alles, was der Reisende auf Erden zum Wohle der Gemeinschaft beigetragen hat, darf er hier als Geschenk abgeben. Umgekehrt darf er wiederum erfahren, wie ihn die Urbilder dieser Sphäre durchdringen und ihre höheren Kräfte in ihn einspeisen. Auch hier gilt wieder: *„Wer hat, der wird empfangen."* Folglich erfährt der Reisende hier seine dritte große Transformation im Devachan. Menschen wie Gandhi, Nelson Mandela und Mutter Teresa schöpften aus dieser Sphäre die Inspiration (Hingabe und Dienen) für ihre Lebensaufgabe, weil sie imstande waren, bewusst durch diese Sphäre hindurchzugehen. *Außerdem hatten sie durch ihre Lebensweise in vorangegangenen Leben eine besondere Beziehung zu dieser Region entwickelt.* [65]

In der Saturnsphäre leben die Engel, die die Erinnerungen an alles bewahren, was jemals in unserem Planetensystem geschehen ist. [66] Sie prägen dem Menschen das Erinnerungsvermögen ein und hüten die Akasha-Chronik oder das Weltengedächtnis, das sich an der Grenze zwischen der Planetenwelt und der reinen geistigen Welt befindet, dort, wo der Reisende die Saturnsphäre verlässt, um in den kosmischen Raum einzutreten. Der Reisende bekommt in der Saturnsphäre, in der Akasha-Chronik, nicht nur sein letztes, sondern alle vorangegangenen Leben nochmals gezeigt, so dass ihm deutlich wird, was er in den folgenden Leben auf Erden noch alles zu lernen hat. Es ist ein Überblick, der den Reisenden sehr demütig stimmt.

Die vierte Sphäre des Devachan

Es ist sehr schwierig, für die Welt, die der Reisende nun betritt – die vierte Sphäre des Devachan – die richtigen irdischen Worte zu finden. Selbst für einen hohen Eingeweihten ist es schwer, alles, was dort geschieht, in sich aufzunehmen, geschweige denn, die richtigen Worte zu finden, um dies zum Ausdruck zu bringen. Daher sind die Eingeweihten und Propheten zurückhaltend, was ihre Äußerungen zu den höheren Welten des Devachan betrifft, die der Reisende nun – meist unbewusst – durchschreitet. [67]

Die vierte Sphäre ist die reine Welt des Geistes, der kosmische Raum. Es ist eine Welt voll unvorstellbarer Schöpferkraft, die dem Menschen originelle Gedanken und Ideen schenkt. Dadurch kann er später auf Erden der Welt etwas Neues bringen. Hier finden beispielsweise die Künstler und Gelehrten sowie die Erfinder ihre Inspiration. Doch nicht nur sie – auch die Landarbeiter, Ladenbesitzer oder Politiker, die bewusst durch diese Sphäre hindurchgegangen sind, empfingen dort Inspiration für ihre Arbeit. Es geht außerdem nicht nur um große Erfindungen, sondern auch um neue Ideen für das alltägliche Leben. Die kreativen Kräfte kommen von den Urbildern, die in dieser Sphäre leben und mit ihrer Schöpferkraft den Urbildern aus der Mars-, Jupiter- und Saturnsphäre ihre Richtung geben.

Es gibt nur wenige Menschen, die noch bewusst in dieser Sphäre ankommen und imstande sind, diese auch bewusst zu durchlaufen. Doch auch sie verlieren in dieser großen Sphäre mit der Zeit allmählich das Bewusstsein.

Das höhere Devachan

Die höheren Welten des Devachan unterscheiden sich also, wie wir feststellen konnten, grundlegend von den niederen Regionen. Dies gilt vor allem für die fünfte, sechste und siebte Sphäre des Devachan. Wir wissen von den hohen Eingeweihten, dass hier die Engel und die geistigen Wesen leben, welche die Urbilder der drei unteren Regionen des Devachan inspirieren und lenken. [68]

Eine Beschreibung dieser höheren Regionen würde den Rahmen dieses Buches sprengen. Wir sind ja in der heutigen Phase unserer menschlichen Entwicklung noch nicht so weit, bewusst durch diese Sphären zu gehen. Außerdem fordert der Einblick in diese Sphären einen tiefgehenden Einblick in die Esoterik – oder in das über Jahrhunderte hinweg geheimgehaltene Wissen – über das in unserer heutigen Zeit nur noch wenige Menschen verfügen. Daher verweise ich bezüglich einer Beschreibung dieser Sphären gern auf das Buch „Begegnungen im Lichtreich – Der Umgang mit Verstorbenen“, das ich gemeinsam mit Margarete van den Brink geschrieben habe. Darin gibt Margarete einen ausführlichen Überblick über die höheren Sphären des Devachan. [69]

13.

DIE MITTERNACHTSSTUNDE UND DER ABSTIEG ZUR ERDE

Die Geschenke, die der Reisende mit auf den Weg bekommt

Der Reisende steigt unbewusst immer weiter empor, sogar bis in eine Welt, die weit über das Devachan hinausgeht. Dabei handelt es sich um eine überwältigend große Welt, die für uns Menschen unvorstellbar ist – selbst für hohe Eingeweihte. Diese Welt wird als „Welt der göttlichen Dreieinheit" bezeichnet. Auf seiner Reise durch diese Sphären wird der Reisende daher unbewusst der Einwirkung dieser Welten unterzogen.

Dabei wird das innere Licht des Reisenden auf einmal immer schwächer. Dadurch strahlt er nicht mehr das Licht aus, mit dem er alles um sich herum erhellte. Die Folge davon ist, dass es langsam dunkel um ihn herum wird. Die kosmische Nacht bricht an. Ist es richtig dunkel geworden, so kommt der Reisende zu einem Umkehrpunkt. Man nennt ihn „die Mitternachtsstunde". [70]

An diesem Wendepunkt bekommt der Reisende Bilder von seinem letzten Erdenleben gezeigt (die durch seine Isolation bzw. seinen Schlaf zu ihm durchdringen). Dabei entsteht bei ihm die Sehnsucht, sich wieder mit der Erde zu verbinden. Er liest nämlich an den Bildern ab, wie unvollkommen er noch ist und wie viele Schwächen er noch hat. Er muss ja bei diesem Wendepunkt der Versuchung widerstehen, für immer in der geistigen Welt zu bleiben. Mit Hilfe der Engel entscheidet er sich jedoch wieder für ein neues Leben auf Erden. [71] Dann beginnt ein Weg des Abstiegs zur Erde, eine Reise, die ungefähr 250 Jahre in Anspruch nehmen wird. [72]

Auf diesem Weg erwacht der Reisende in eben der Sphäre wieder, in welcher er auf seinem Hinweg in den Schlaf gefallen war. Dort kommt er wieder zu Bewusstsein. Auf seinem Rückweg reist er wieder, nun jedoch in umgekehrter Reihenfolge, durch alle Sphären, die er auch auf seinem Hinweg, dem Weg zur Mitternachtsstunde, besucht hatte.

- So wandert er wieder durch die Saturnsphäre, die Sphäre des Weltengedächtnisses, wo das Fundament für sein Erinnerungsvermögen in seinem neuen Erdenleben gelegt wird. Das Weltengedächtnis wird gleichsam in (einen geistigen Keim für) ein menschliches Gedächtnis transformiert.
- In der Jupitersphäre kommt er in die Sphäre der Weltengedanken, die nun dem Reisenden in umgewandelter Form (einen Keim für) die Fähigkeit zu menschlichem Denken übertragen.
- Wenn er weiter in die Marssphäre hinabsteigt, wirkt das Weltenwort oder die Weltensprache auf ihn ein und schenkt ihm die Fähigkeit, aus der später die Kraft seines Ichs erwacht.

- In der Sonnensphäre beginnt der Reisende, sich in einer Art Trennungsprozess wieder aus der Umhüllung der geistigen Welt zu lösen. In dieser Sphäre wird ihm der Urkeim seines neuen irdischen Herzens geschenkt. Darin werden langsam die geistigen Qualitäten lebendig, die er in seinem neuen Erdenleben besitzen soll. Er bekommt hier – in der Christussphäre – außerdem nicht nur die geistigen Qualitäten mit auf den Weg, sondern auch die moralischen Kräfte und Charakterzüge, die er in diesem neuen Erdenleben haben wird.
- In der Sonnensphäre darf der Reisende einen ersten Blick auf die Reihe der Generationen werfen, aus der seine Eltern stammen werden. Er überblickt die ganze Ahnenreihe und sieht seine zukünftigen Eltern am Ende dieser Reihe stehen. Das bedeutet, dass er schon sehr bald mit dem Geschlecht, aus dem er als Mensch hervorkommen wird, verbunden wird. Es wird nämlich noch viele Jahre dauern, bevor er auf Erden geboren werden wird – Jahre, die er für seinen weiteren Abstieg zur Erde benötigen wird.[73]
- Auf dem Gebiet der vier Mondensphären wird der Reisende genau so viel Zeit zubringen, wie auf Erden zwischen der Empfängnis und seiner Geburt liegt. Während dieser Zeit wird sein Bewusstsein langsam bis zu dem Traum-Bewusstsein gedämpft, mit dem er als Baby geboren wird. Auf seiner Rückreise erlebt er folglich, wie sein großes kosmisches Bewusstsein, das imstande war, ganze Welten zu umfassen und zu verstehen, auf das Traum-Bewusstsein eines neugeborenen Kindes heruntergedimmt wird.

- Dann, nach dieser jahrhundertelangen Vorbereitung, beginnt der Reisende ein neues Erdenleben, in dem er die Gelegenheit erhält, sich neue geistige Kräfte anzueignen. Die größte Kraft, in welcher er sich auf Erden üben kann, ist die Kraft der Liebe. In Bezug auf die Liebe gilt. Jeder Mensch, der stirbt und Liebe in die geistige Welt mitnimmt, trägt dazu bei, dass die geistige Welt ein wenig schöner wird, als sie bis dahin war.

Beim Leben und Sterben geht es nämlich um die Liebe – allein um die Liebe.

ANMERKUNGEN

1 Weitere Enthüllungen zum Geheimnis des Kosmischen Christus, der bei der Taufe im Jordan in dem Menschen Jesus von Nazareth inkarnierte, finden sich in meinem Buch: „Esoterische Bibellektüre, Teil I, Jesus von Nazareth" (*„Esoterisch Bijbellezen, deel I, Jezus van Nazareth"),* De Heraut, 5. Auflage 2012.

2 Erst im Jahr 1945 wurden die meisten dieser Schriften – die oft als „die gnostischen Schriften" bezeichnet werden, im Sand von Ägypten, in der Nähe des Nils, wiedergefunden. Seit dieser Zeit heißen sie „Nag-Hammadi-Schriften", benannt nach ihrem Fundort.

3 Wenn unsere geistigen Körper (der Ätherleib und der Astralleib) gemeinsam mit dem Geist beginnen, sich vom physischen Körper zu lösen, wird der Mensch hellsichtig. Ein Hellsichtiger ist folglich ein Mensch, bei dem sich die geistigen Körper ein wenig „lockern" oder sich vom physischen Körper lösen. Liegt ein Mensch im Sterben, so beginnt sich sein geistiger Körper zu befreien. Dadurch wird der Sterbende hellsichtig. Näheres hierzu finden Sie in dem Buch, das ich gemeinsam mit Margarete van den Brink geschrieben habe: „Begegnungen im Lichtreich – Der Umgang mit Verstorbenen".

4 Auch in der Bibel können wir diese Tatsache wiederfinden. Bei Lukas 16, 19 – 31 wird von zwei Menschen berichtet, die sterben: Der arme Lazarus, ein Bettler, und ein reicher Mann, der nur für seine eigenen Interessen gelebt hatte. Als der arme Lazarus stirbt,

wird er von den Engeln in den Himmel getragen. Von dem reichen Mann jedoch wird lediglich berichtet, dass er nach seinem Tod die Augen im Totenreich aufschlägt. Heißt das denn, dass es für ihn keine Engel gibt? Diese gibt es sehr wohl. Er war nur nicht imstande, sie zu sehen, weil er selbst keinerlei Liebe erworben hatte.

5 Hinterbliebene Familienmitglieder eines Menschen, der plötzlich verstorben ist, erzählen oft, dass der Tote in der letzten Zeit vor seinem Tod bestimmte Bemerkungen gemacht hatte, woraus man *im Nachhinein* schließen konnte, dass er unbewusst bereits von seinem bevorstehenden Tod wusste. So sagte einmal ein 35-jähriger Mann in der Woche, bevor er infolge eines Herzstillstands verstarb, zu seiner Frau: „Wenn ich einmal nicht mehr da bin, musst du nicht allein bleiben, hörst du?" Diese Bemerkung machte er ganz beiläufig, mitten in einem Gespräch über den bevorstehenden Urlaub. Ein anderer Mann hatte kurz vor seinem Tod die ganze Buchhaltung erledigt, völlig im Gegensatz zu seinen sonstigen Gepflogenheiten. Normalerweise hatte er nämlich immer bis zum letzten Moment abgewartet, bevor er sich an die Arbeit machte. Seine Frau sagte im Nachhinein: „Er wusste, dass ich das nicht kann. Er muss unbewusst schon von seinem Tod gewusst und daher die Buchhaltung bereits in Ordnung gebracht haben."

6 Siehe beispielsweise den Bericht von George Ritchie.

7 Erster Brief an die Thessaloniker 5, 23.

8 Siehe Erstes Buch Mose 2, 7.

9 Erstes Buch Mose 2, 7. Siehe auch Hans Stolp, „Jesus von Nazareth" („Jezus van Nazareth"), Ankh-Hermes 1998, S. 40; dort finden sich auch weitere Informationen zum Aufbau des Menschen.

10 Siehe Arie Boogert, „Unsere Bestimmung, Rudolf Steiner über das Leben nach diesem Leben" *(„Ons voorland, Rudolf Steiner over het leven na dit leven")*, Christofoor 2000, S. 20.

11 Peter Selg berichtet: „Eine Art Aufleuchten findet statt im Herzen, und dann heben sich über den Kopf heraus Ätherleib, Astralleib und Ich." Siehe Peter Selg, „Rudolf Steiners Toten-Gedenken", Verlag des Ita Wegmans Instituts, Arlesheim 2008, S. 115.

12 Prediger 12, 6.

13 Nur wenn sie aus ihrem Körper austreten, nehmen Menschen wahr, dass sie diesen in einem gewissen Abstand von sich liegen oder sitzen sehen.

14 Für Rudolf Steiner ist „der Augenblick des Gestorbenseins das vollendetste Ereignis". Siehe Peter Selg, „Rudolf Steiners Toten-Gedenken", Verlag des Ita Wegmans Instituts, Arlesheim 2008, S. 116.

15 Im Jahr 1899 endete das Kali-Yuga oder das Eiserne Zeitalter. In jenem Zeitalter (das 5.000 Jahre dauerte) verlor der Mensch jegliche Verbindung zur geistigen Welt. Doch seit dem Ende des Kali-Yuga lichtet sich der Schleier zwischen der irdischen und der geistigen Welt langsam wieder. Dadurch machen die Menschen viele neue Erfahrungen mit der geistigen Welt. Sie haben beispielsweise ein Nahtod-Erlebnis, sehen einen Engel, begegnen Christus oder haben Kontakt mit einem Verstorbenen. Auch die Tatsache, dass sich in so kurzer Zeit immer mehr Menschen mit den Themen Karma und Reinkarnation befassen, ist eine Folge davon.

16 Es handelt sich um eine Situation, die oft mit dem Panorama-Museum Mesdag in Den Haag verglichen wird, wo die Bilder auch in einem großen Kreis um den Betrachter herumstehen. Das Panorama Mesdag ist eine zylinderförmige Gemäldegalerie mit einer Höhe von ungefähr vierzehn Metern und einem Umfang von einhundertzwanzig Metern.

17 Siehe beispielsweise Wim Schuwirth in seinem Beitrag: „Hintergrund und Inhalt der Wege zu Christus" in: „Rudolf Steiner,

Wege zu Christus" (*Achter grond en inhoud van Wegen naar Christus,* in: Rudolf Steiner, *Wegen naar Christus*") Freies Geistesleben, Stuttgart 1993, S. 250 f. Siehe auch: Roland van Vliet, „Wer sagt man, bin ich?" („*Wie zeggen de mensen dat Ik Ben?*"), Christofoor 2005, S. 293.

Roland van Vliet berichtet, dass Christus seit dem Ende des 20. Jahrhunderts der Herr des Karmas ist. Vorher war Moses Herr über das Karma. Weil Christus nun der Herr über das Karma ist, ist es möglich, dass wir einander vergeben und folglich zu Christus sagen: „Diese Person braucht das von ihr geschaffene Karma nicht an mir auszugleichen, sondern du kannst diese Wiedergutmachungstat an einen anderen Menschen weiterschenken, der sie nötig hat." Diese Erkenntnis fordert von uns, dass wir in unserem irdischen Leben so viel wie möglich vergeben, weil wir dadurch Christus helfen können, das Karma der anderen auf sich zu nehmen und ihnen zu vergeben.

Moses, der bis in unsere Zeit hinein als strenger Richter der Herr des Karmas war, hielt dem Verstorbenen die Gesetze vor, so dass ihm dadurch deutlich wurde, welcher Gesetzesübertretungen sich dieser während seines Erdenlebens schuldig gemacht hatte. Christus wirkt als der (neue) Herr über das Karma auf andere Weise: Er wirkt auf das Gewissen des Verstorbenen ein, so dass dieser selbst zur Einsicht gelangen und höchstpersönlich das Urteil über sein soeben vollendetes Leben fällen kann.

18 Eine bekannte esoterische Erkenntnis lautet: „Wer sich selbst kennt, kennt den Kosmos." Diese Erkenntnis scheint eine tiefe Wahrheit über das Leben in der geistigen Welt zu beinhalten.

19 Siehe Judith van der Bend in: „Nachwort und Anmerkungen" in: Rudolf Steiner, „Die Welt der Verstorbenen", Freies Geistesleben 2008, S. 286. Judith van der Bend weist auch darauf hin, welche

Auswirkungen es hat, wenn der Leichnam des Verstorbenen gekühlt wird. Wird der Leichnam im Kühlraum aufbewahrt und nur zu den Besuchsstunden herausgeholt, können die Ablösungsprozessse nur schwer in Gang kommen. Sie schreibt, dass in diesem Fall „der natürliche Sterbeprozess keine Fortsetzung erfährt und der Verstorbene dadurch seinen Weg nicht richtig weiterverfolgen kann". Siehe S. 284 des oben genannten Buches.

20 Johannes 1, 1– 8.

21 Renée Zeylmans, „Trauerarbeit und Trauerbegleitung, Sterben – Trauern – Trösten" (*„Rouwverwerking en rouwbegeleiding,Sterven – rouwen – troosten"),* Christofoor 2000, S. 43

22 Die Dauer des Rückblicks ist sehr unterschiedlich: Beim einen dauert dieser zwanzig Stunden, beim Nächsten fünfzig, beim Dritten sechzig oder gar achtzig Stunden. Siehe Rudolf Steiner, „Über das Leben vor der Geburt", Christofoor, 2. Auflage 1996, S. 109.

23 Siehe Arie Boogert, „Unsere Toten, Rudolf Steiner über den Umgang mit Leben und Tod" (*„Onze doden, Rudolf Steiner over het omgaan met leven en dood"),* Christofoor, 2. Auflage 2003, S. 69.

24 Siehe Rudolf Steiner, „Über das Leben vor der Geburt", Christofoor, 2. Auflage 1996, S. 109.

25 Rudolf Steiner, „Die Wissenschaft vom Geheimnis der Seele", Freies Geistesleben, 10. Auflage 1993, S. 364.

26 Siehe Arie Boogert, „Unsere Toten, Rudolf Steiner über den Umgang mit Leben und Tod" (*„Onze doden, Rudolf Steiner over het omgaan met leven en dood"),* Christofoor, 2. Auflage 2003, S. 70 f.

27 Zu den unterschiedlichen Inkarnationen der Erde siehe: Rudolf Steiner, „Die Wissenschaft vom Geheimnis der Seele", Freies Geistesleben, 10. Auflage 1993, Kapitel IV: Die Weltenentwicklung und der Mensch, S. 119 ff.

28 Siehe Arie Boogert, „Unsere Bestimmung, Rudolf Steiner über das Leben nach diesem Leben“ *(„Ons voorland, Rudolf Steiner over het leven na dit leven“)*, Christofoor 2000, S. 25.

29 Dante Alighieri benutzte diesen Begriff in seinem berühmten Buch „La divina commedia“ oder „Die göttliche Komödie“, das um das Jahr 1320 geschrieben wurde. In diesem Buch beschreibt er die Reise, die ein Verstorbener in die Welt des Todes macht. Diese Reise kennt einen Abstieg in die Hölle und einen Aufstieg in den Himmel über den Läuterungsberg. Seine Beschreibung verrät sein tiefes Wissen über die alten vorchristlichen Mysterienlehren.

30 Arie Boogert, „Mit den Toten leben“ (*„Met de doden leven“)*, Christofoor 2009, S. 18.

31 Manche Menschen kehren in unserer Zeit vorschnell zur Erde zurück. Das bedeutet, dass ihr Aufenthalt in der Astralwelt kürzer ist als üblich. Man denke beispielsweise an das Buch von Rabbi Yonassan Gershom, „Unmögliche Erinnerungen“ (*„Onmogelijke herinneringen“)*, Freies Geistesleben 1997. Darin beschreibt Gershom die Erinnerungen, die manche Menschen an ein früheres Leben im Zweiten Weltkrieg sowie an ihren Tod in jenem Leben hatten, meist in einem der Konzentrationslager. Man kann daraus schlussfolgern, dass sie schneller zurückkehren, um sich hier auf Erden von der schweren Last ihrer heftigen Emotionen befreien zu können, die das Leben ihnen mit auf den Weg gab.

32 Siehe beispielsweise Madeleen Winkler und Roel den Dulk, „Organspende“ (*„Orgaandonatie“)*, Nr. 25 in der Reihe „Gesichtspunkte“ („Gezichtspunten“), Zentrum für soziale Gesundheitsfürsorge („Centrum Sociale Gezondheidszorg“) 1998, S. 12.

33 Rudolf Steiner berichtet in seinem Buch „Theosophie“, Freies Geistesleben 1994, S. 94 über den Aufenthalt in der Astralwelt:

„Die Zeit wird kurz sein für denjenigen, der wenig am physischen Leben hing, hingegen lang für denjenigen, dessen Hauptaugenmerk ganz und gar auf dieses Leben ausgerichtet war, so dass zum Zeitpunkt seines Todes noch viele Begierden, Wünsche usw. in seiner Seele weiterleben."

34 Bei den nächtlichen Astalreisen bleiben der Astralleib und das Ich durch die Silberschnur mit dem physischen Körper und dem Ätherleib verbunden, die jede Nacht im Bett zurückgelassen werden. Entlang dieser Schnur können der Astralleib und das Ich jeden Morgen wieder wie am Faden von Ariadne in den zurückgebliebenen Ätherleib und in den physischen Körper zurückkehren.

35 Eine spannende Frage, die man in diesem Zusammenhang stellen kann, lautet: „Warum schlafen wir eigentlich ein? Etwa, weil wir müde sind, oder werden wir müde, weil wir das Bedürfnis haben, schlafen zu dürfen?" Letzteres ist der Fall: Tagtäglich entsteht in uns das Verlangen, mit unserem höheren Ich und unserem Astralkörper kommunizieren zu dürfen. Dieses Verlangen bringt uns unbewusst dazu, einzuschlafen, so dass wir uns geistig an der Weisheit und dem Wissen unseres Höheren Selbst erfreuen können. Siehe Arie Boogert, „Unsere Bestimmung, Rudolf Steiner über das Leben nach diesem Leben", *(„Ons voorland, Rudolf Steiner over het leven na dit leven")*, Christofoor 2000, S. 30.

36 Vgl. ebd., S.43

37 Rudolf Steiner, „Theosophie", Freies Geistesleben 1994, S. 89 ff.

38 Ebd., S. 85.

39 Ich werde oft von meinen Mitmenschen gefragt, ob sie auch diejenigen wiedersehen werden, vor welchen sie sich fürchten und gegen die sie eine Abneigung haben: Beispielsweise ihren Vater oder auch jemanden, mit dem sie sich zerstritten haben. Ich habe

es selbst miterlebt, dass sich eine Frau vor dem Sterben fürchtete, aus Angst, in der geistigen Welt wieder mit ihrem Vater konfrontiert zu werden, der sie psychisch terrorisiert hatte. Daher ist Einblick in die Gesetze der geistigen Welt so wichtig.

40 Siehe Margarete van den Brink in: Hans Stolp und Margarete van den Brink, „Begegnungen im Lichtreich – Der Umgang mit Verstorbenen".

41 Siehe Rudolf Steiner, „Der übersinnliche Mensch", Freies Geistesleben 1996, S. 52.

42 Betrachten Sie beispielsweise die Stiftung „Skepsis", die einen Kreuzzug gegen das führt, was sie als „die Parakultur" bezeichnet, oder auch gegen alles, was nicht wissenschaftlich beweisbar ist. Siehe www.skepsis.nl. Natürlich gibt es auch auf alternativen oder paranormalen Gebieten alle möglichen Missstände zu bemängeln. Doch diese sind sicher auch – wenn nicht in noch größerem Ausmaß! – in der Welt der regulären Gesundheitsfürsorge zu finden. Im Grunde ist das, was „Skepsis" tut, äußerst arrogant. „Skepsis" geht nämlich davon aus, dass nur das existiert, was man auch beweisen kann. Als ob es nicht ganze Welten und Wirklichkeiten gäbe, die dem Denken unseres menschlichen Gehirns verborgen, darum jedoch nicht minder real sind.

43 Eine Beschreibung des Gebiets der Wünsche finden Sie beispielsweise bei Rudolf Steiners „Theosophie".
Siehe auch Margarete van den Brink in: Hans Stolp und Margarete van den Brink, „Begegnungen im Lichtreich – Der Umgang mit Verstorbenen".

44 Pim van Lommel hat in seinem Buch „Grenzenloses Bewusstsein" dargelegt, dass es ein Bewusstsein – und folglich eine Art zu denken – gibt, die unabhängig vom menschlichen Gehirn funktioniert.

45 So Arie Boogert, die das Gedicht von Albert Verwey zitiert:
„An die Toten
Nun seid ihr frei. Frei von dem störenden Anderen,
frei von euch selbst. Nun sieht euer Geist die Wahrheit
des Selbst und der Welt und leidet nicht mehr
als Mitgefangener im selbstgesponnenen Netz …"
Das Gedicht steht in dem Band: „Scherzfrage" („Het lachende raadsel"), Verlag C.A. Mees, Santpoort 1935.

46 Siehe hierzu Hans Stolp und Margarete van den Brink, „Begegnungen im Lichtreich – Der Umgang mit Verstorbenen".

47 Dieses Gesetz wird auch als „Matthäus-Effekt" bezeichnet, nach dem Evangelium des Matthäus 25, 29: „Denn wer da hat, dem wird gegeben werden, und er wird die Fülle haben; wer aber nicht hat, dem wird auch, was er hat, genommen werden."

48 Siehe Rudolf Steiner, „Der übersinnliche Mensch – das Leben nach dem Tod", Freies Geistesleben 1996, S. 58 f.

49 Eine Beschreibung des Gebiets des Seelenlichtes finden Sie auch bei Margarete van den Brink in: Hans Stolp und Margarete van den Brink, „Umgang mit Verstorbenen" (*„Omgaan met gestorvenen")*, Ankh-Hermes 2000, Kapitel 9, S. 80 f.

50 Der Begriff „übersinnlicher Freundeskreis" stammt von Rudolf Steiner: „Der übersinnliche Mensch – das Leben nach dem Tod", Freies Geistesleben 1996, S. 61.

51 Informationen zum Kali-Yuga oder zum Eisernen Zeitalter finden Sie in meinem Buch: „Jesus von Nazareth" (*„Jezus van Nazareth")*, Ankh-Hermes 1998, S. 124 ff.

52 Bei 1. Johannes 4, 16 heißt es: „Gott ist Liebe, und wer in der Liebe bleibt, der bleibt in Gott und Gott in ihm."

53 Siehe Rudolf Steiner, „Der übersinnliche Mensch – das Leben nach dem Tod", Freies Geistesleben 1996, S. 61.

54 Nähere Informationen zu diesen Engeln finden Sie in meinem Buch „Mit Engeln leben".

55 Die „Geister der Form" werden auch „Exousiai" genannt, die „Geister der Bewegung" heißen auch „Dynameis" und die „Geister der Weisheit" nennt man auch „Kyriotetes".

56 Siehe Rudolf Steiner, „Der übersinnliche Mensch – das Leben nach dem Tod", Freies Geistesleben 1996, S. 62.
So, wie sich ein Mensch Zeit seines Erdenlebens der geistigen Welt bewusst ist, ist sich der Reisende im Devachan der Erde bewusst. Doch was er aus der Sonnensphäre auf Erden wahrnimmt, prägt sich so stark in sein Wesen ein, dass es später, wenn diese Erinnerung an das, was er auf Erden wahrnahm, während seines neuen Erdenlebens wieder an die Oberfläche kommt, stark einer Erinnerung an eine frühere Inkarnation ähnelt – was es in diesem Fall jedoch nicht ist.

57 Siehe Arie Boogert, „Unsere Bestimmung, Rudolf Steiner über das Leben nach diesem Leben", *(„Ons voorland, Rudolf Steiner over het leven na dit leven"),* Christofoor 2000, S. 96.

58 Rudolf Steiner, *Leben nach dem Tod, Ausgewählte Texte", herausgegeben und kommentiert von Hans Stauffer,* Rudolf Steiner Verlag 2008, S. 157.

59 Margarete van den Brink, in: Hans Stolp und Margarete van den Brink, „Begegnungen im Lichtreich – Der Umgang mit Verstorbenen, Ankh-Hermes 2000, S. 92.

60 Die Außenplaneten kreisen um die Sonne und die Erde und sind folglich auch weiter von der Sonne entfernt als die Erde.

61 Ich werde oft gefragt, wie es sich denn mit Familienmitgliedern verhält, mit welchen man nicht in Liebe verbunden ist, weil es zu viel Schmerz oder Kummer gab, der niemals ausgesöhnt wurde oder ausgesöhnt werden konnte. Für diese Verwandten gilt: Wo

keine Liebe ist, kann diese auch nicht verstärkt werden. Außerdem werden Menschen, zwischen welchen keine Liebe bestand, einander nicht begegnen, weil die Liebe ja die einzige Kraft ist, die bewirkt, dass sich Menschen in der geistigen Welt gegenseitig anziehen.

62 Die Erkenntnis, dass Christus das Wort oder der Logos ist, der mit seiner Schöpferkraft alle Welten ins Dasein gerufen hat, kommt aus dieser Sphäre: „Alle Dinge sind durch dasselbe gemacht, und ohne dasselbe ist nichts gemacht, was gemacht ist." (Johannes 1, 3).

63 Siehe hierzu Rudolf Steiner, „Der übersinnliche Mensch – das Leben nach dem Tod", Freies Geistesleben 1996, S. 77.

64 Zu den Urbildern in der Saturnsphäre gehören auch die Bilder der Begierden, Gefühle und Wünsche – Gefühle, Wünsche und Begierden jedoch, die von jeglicher Selbstsucht frei sind und sich in keiner Weise von den Gefühlen, Wünschen und Bedürfnissen der anderen Reisenden in dieser Sphäre unterscheiden. Sie bilden vielmehr eine gemeinschaftliche Welt, die man sich teilt.

65 Zitat von Margarete van den Brink, in: Hans Stolp und Margarete van den Brink, „Begegnungen im Lichtreich – Der Umgang mit Verstorbenen, S. 89.

66 Siehe Rudolf Steiner, „Der übersinnliche Mensch – das Leben nach dem Tod", Freies Geistesleben 1996, S. 78 f.

67 Hans Stauffer schreibt: „*So sind auch die Angaben Rudolf Steiners über diese Sphären eher spärlich.*" Siehe Rudolf Steiner, *Leben nach dem Tod, Ausgewählte Texte, herausgegeben und kommentiert von Hans Stauffer,* Rudolf Steiner Verlag 2008, S. 175.

68 Siehe Rudolf Steiner, „Theosophie", Freies Geistesleben, 5. Auflage 1965, S. 120.

69 Hans Stolp und Margarete van den Brink, „Begegnungen im

Lichtreich – Der Umgang mit Verstorbenen" („*Omgaan met gestorvenen*"), Ankh-Hermes 2000, S. 90-93.

70 Nähere Erläuterungen finden sich bei: „*Die Weltenmitternacht und die mitternächtliche Stunde*", Rudolf Steiner, „*Leben nach dem Tod, Ausgewählte Texte*", *herausgegeben und kommentiert von Hans Stauffer,* Rudolf Steiner Verlag 2008, S. 186-194.

71 Sollte der Reisende trotz seiner Unvollkommenheit beschließen, doch in der geistigen Welt zu bleiben, würde das zu einer Verunreinigung der geistigen Welt führen. Daher halten die Engel den Reisenden mit Nachdruck dazu an, das Privileg zu nutzen, ein neues Erdenleben zu beginnen, so dass er die Möglichkeit erhält, geistig zu wachsen.

72 Dies ist lediglich ein allgemeiner Anhaltspunkt. Im Einzelfall mag dies ganz anders sein. Nähere Informationen über die Dauer der Reise zurück zur Erde finden Sie bei: Rudolf Steiner, „*Leben nach dem Tod, Ausgewählte Texte*", *herausgegeben und kommentiert von Hans Stauffer,* Rudolf Steiner Verlag 2008, S. 195 f.

73 Natürlich gibt es Ausnahmen von dieser Regel, insbesondere in unserer heutigen Zeit. Es gibt ja Menschen, die nach ihrer letzten Inkarnation recht schnell wieder inkarnieren. Ein Beispiel hierfür sind die Menschen, die nach ihrem Tod in einem Konzentrationslager im Zweiten Weltkrieg rasch wieder zurückkamen, um hier auf Erden die tiefen Emotionen, die dieser Tod hervorgerufen hatte, verarbeiten zu können.

Bleib, mein goldener Vogel
Ein sterbendes Kind erzählt

Hans Stolp hat als Pfarrer viele Sterbende begleitet, darunter auch Kinder – die schwersten Stunden seines Wirkens. In solchen Momenten verschwimmen die Grenzen zwischen den Welten, und der Himmel scheint der Erde ganz nah. Aus einem dieser kostbaren Augenblicke entstand die Erzählung vom „Goldenen Vogel". Sie beschreibt ein Erleben, „als hätte der Himmel die Erde still geküsst". Eine Geschichte voller Mitgefühl, stiller Traurigkeit, Hoffnung und Erlöstheit – ein anrührendes Buch, das man mit wundem Herzen und doch einem sanften Lächeln aus der Hand legt.
ISBN: 978-3-86191-012-1 (Crotona Verlag)

Demenz
Wenn sich die Seele zurückzieht

Hans Stolp betrachtet Demenz aus einer spirituellen Perspektive, in der Körper, Seele und Geist als untrennbare Einheit verstanden werden. Auch wenn sich die Geistseele zeitweise von der körperlichen Hülle entfernt, bleibt das Individuum bis zum letzten Atemzug präsent und nimmt bewusst wahr, was um es geschieht. Diese Erkenntnis verändert den Blick auf Demenz grundlegend: Selbst in späten Stadien bleibt auf einer inneren Ebene eine ununterbrochene Verbindung bestehen.
ISBN: 978-3-89427-700-0

Die Seele lebt weiter
Der Tod ist nicht das Ende, sondern ein neuer Anfang

Was geschieht mit uns, wenn wir sterben? Gibt es ein Leben nach dem Tod? Und können uns Verstorbene begleiten? In Die Seele lebt weiter gibt Hans Stolp berührende Einblicke in das, was uns jenseits der Schwelle erwartet. Er beschreibt die ersten Erfahrungen nach dem Tod, die Reise der Seele durch geistige Welten und die verbindende Kraft der Liebe. Mit einfühlsamen Worten zeigt Stolp, dass der Tod kein Ende ist, sondern der Beginn einer neuen Reise. Ein Buch, das Orientierung gibt, Trost spendet und ein tieferes Verständnis von Leben und Sterben eröffnet.
ISBN: 978-3-89427-960-8

Hans Stolp
Die Sterbestunde
Bewusstes Abschiednehmen
TB, ISBN 978-3-89427-933-2

Hans Stolp hat viele Jahre als Krankenhauspfarrer an den Betten von sterbenden Menschen gesessen. Er hat unzählige Hände gehalten und zahllose Tränen getrocknet. Er hat Trost gespendet, Mut gemacht und Hoffnung vermittelt. Es gibt kaum ein vergleichbares Werk, in dem der Leser so Anteil nehmen kann und so unmittelbar in die letzten Momente eines Menschen eingebunden ist. Die „Sterbestunde" ist eine heilige Stunde, die es achtsam und behutsam zu verbringen gilt. Es gibt Unerledigtes aufzuarbeiten, Streit zu beenden oder Verzeihung zu gewähren. Für alle Prozesse am Ende eines Lebens gilt es: Stille einkehren zu lassen und innere Ruhe zu bewahren.

Hans Stolp
Der kosmische Lebensplan
Der führung der Seele vertrauen
Paperback, ISBN 978-3-89427-788-8
Es ist eine uralte spirituelle Überlieferung, dass eine Menschenseele, bevor sie auf der Erde inkarniert, in der Geistigen Welt mit ihren lichten Helfern ihren „Lebensplan" bespricht. Diesen prägt sie sich dann in ihren innersten Wesenskern ein, um ihn in der kommenden Inkarnation zu verwirklichen. Hans Stolp greift dieses alte Wissen auf und macht es für die Menschen der Gegenwart neu zugänglich. Wer in seinem Inneren lauschen und seine wahrhafte Bestimmung erkennen kann, der wird im Einklang mit den großen Gesetzen des Lebens seinen Alltag meistern. Er wird auch die Sinnhaftigkeit bestimmter Prüfungen verstehen und vertrauensvoll sein Weg fortsetzen. Ein wundervoll ermutigendes Buch, das hilft, die Herausforderungen des Lebens zu meistern und stets den Sinn in allen Geschehnissen zu erschauen!